中国D級グルメの旅

Deluxe

髙倉洋彰

Takakura Hiroaki

花乱社

装丁: design POOL（北里俊明・田中智子）

はじめに

各地を旅した中国には多くの思い出があります。

ことに西南学院大学に在職していた二三年間には足繁く旅しました。その数四五回。同僚だった王孝廉教授とご一緒したことも多く、旅がいっそう有益なものになりました。

中国に行くときだけ、たとえば吉林省集安市に好太王碑を訪ねたときに「8：56好太王碑に到着。自由に写真を撮れないもどかしさはあったものの、一日待たされただけに、感激も一入《ひとしお》」といった具合に、野帳に分刻みの綿密なメモを作りました。

旅の途中、多くの写真を撮りました。市場や食卓など目的・本筋を離れた写真もあります。メモと写真を合わせると、その場に戻ったように記憶がよみがえります。改めて写真を見直すと、グルメ本や料理本に載らない、得がたい貴重な食の体験をしていることに気づきました。

そこで、中国で無駄飯を食べたのではない証に、食の体験を記録にまとめてみました。C級グルメの旅ですが、珍しい食の体験もあり、見方を変えればデラックスでもあります。A級グルメでもB級でもなくC級でもないD級、勝手な思い込みかもしれませんがデラックスな食の体験をしていますから、デラックス（Deluxe）の頭文字をとってD級グルメとしてみました。

広大な中国では、何度行っても、行くたびに新鮮な体験ができます。他と違い食は毎日体験しますから昨日と今日、北京と上海というように、いかようにもくらべることができます。そういう体験を本書にまとめてみました。

ご一読いただき、何かの参考にしていただければ、幸いです。

中国D級グルメの旅❖目次

モンゴル
黒龍江省
吉林省
内蒙古自治区
遼寧省
北京
渤海
河北省
黄河
甘粛省
寧夏回族自治区
陝西省
山西省
山東省
黄海
江蘇省
河南省
西安
安徽省
上海
中華人民共和国
湖北省
四川省
長江
浙江省
江西省
湖南省
貴州省
福建省
台湾海峡
台湾
雲南省
広西チワン族自治区
広東省
香港
ベトナム
北部湾
ラオス
海南省
1 2 3 4 5 6 7 8 9 10 11 12 13 14 15 16 17 18 28 29 30 31 32 33 34 35 36 37 38 39 40 41 42 43 44 45 46 47 48 49 50 51 52 53 54 55 56 57 58 59 60 61 62 63 64 65 66 67 68 69 70 71 72 73

中国D級グルメの旅地図

1	内蒙古自治区科爾沁左翼後旗甘旗卡
2	内蒙古自治区通遼市
3	内蒙古自治区呼倫貝爾市海拉爾
4	黒龍江省哈爾濱
5	吉林省徳恵市
6	吉林省長春市
7	吉林省伊通満族自治県
8	吉林省集安市
9	遼寧省瀋陽市
10	遼寧省遼陽市
11	遼寧省大連市
12	遼寧省大連市旅順
13	遼寧省綏中県
14	河北省秦皇島市
15	河北省承徳市
16	北京市
17	山西省平遙市
18	寧夏回族自治区銀川市
19	甘粛省敦煌市
20	新疆ウイグル自治区烏爾木斉市
21	新疆ウイグル自治区阿勒泰市
22	新疆ウイグル自治区喀納斯湖
23	新疆ウイグル自治区布爾津県
24	新疆ウイグル自治区克拉瑪依市
25	新疆ウイグル自治区托里県
26	新疆ウイグル自治区博楽市
27	新疆ウイグル自治区伊寧市
28	陜西省西安市
29	陜西省西安市臨潼
30	河南省義馬市澠池県
31	河南省洛陽市
32	河南省南陽市
33	河南省安陽市
34	河南省鄭州市
35	山東省済南市
36	上海市
37	江蘇省昆山市陽澄湖
38	浙江省杭州市
39	浙江省紹興市
40	浙江省上虞市
41	浙江省余姚市
42	浙江省寧波市
43	浙江省東陽市横店
44	浙江省温州市
45	浙江省瑞安市
46	福建省福州市
47	福建省泉州市
48	福建省厦門市
49	江西省南昌市
50	湖北省武漢
51	湖南省長沙市
52	貴州省凱里市
53	貴州省貴定県盤江
54	貴州省貴陽市
55	雲南省寧蒗彝族自治県温泉瓦拉片村
56	雲南省寧蒗彝族自治県落水村（瀘沽湖）
57	雲南省迪慶蔵族自治州中甸
58	雲南省麗江市
59	雲南省大理市（洱海西岸）
60	雲南省挖色（洱海東岸）
61	雲南省巍山彝族回族自治県
62	雲南省思茅市
63	雲南省景洪市
64	雲南省西双版納傣族自治州勐海県
65	雲南省昆明市
66	雲南省路南彝族自治区石林
67	広西壮族自治区南寧市
68	広西壮族自治区北海市合浦
69	海南省瓊中黎族苗族自治県
70	海南省通什市
71	海南省三亜市
72	広東省広州市
73	香港市

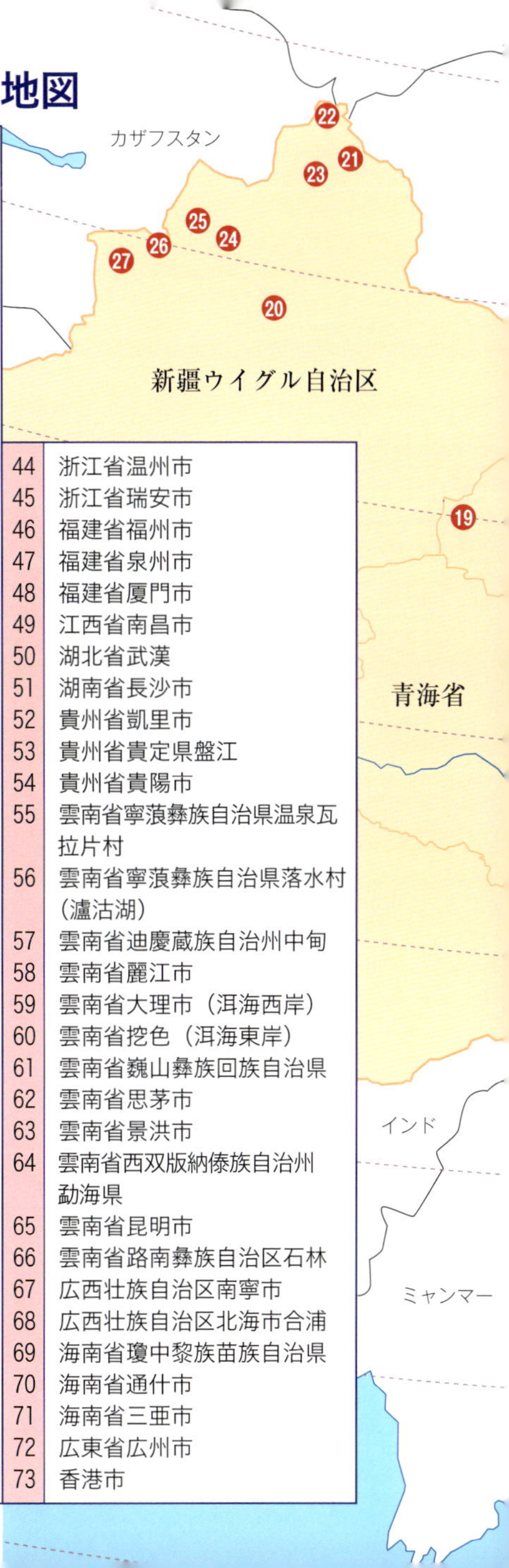

＊写真説明中の地名に付した丸数字は、巻頭地図の地名番号と対称する。
＊本書記載の全ての料理名は、巻末索引として種類・材料別にまとめた。

I

パサパサの御飯

1 朝食の光景

油条で朝食

家庭の食事はつつましやかにすまされる。外食もつつましやかで、昼食に中国料理屋さんに行っても麺や炒飯などの一品物や御飯と八宝菜あるいは酢豚、青椒肉絲程度ですましている。

日常の食事のつつましやかさは中国でも同じで、中国社会科学院洛陽工作站でいただいた昼食は蒸した焼きそば（炒麺）で、落花生など少しの付け合わせが付いていた（図1）。

しかし中国を旅行すると一転する。

安いツアーでも朝のバイキング（自助餐）は豪華で、昼・夜の華やかな食卓は宴会を思わせる。食べ慣れた料理ばかりでなく、日本ではふつう生で食べるトマトを卵とともに炒めた西紅柿炒蛋、エビを胡瓜などの野菜と炒めた滑炒水晶蝦仁、豚肉を骨ま

図1　炒麵（焼きそば）だけのつつましやかな職場のまかない（河南省洛陽 ㉛）

寸胴鍋の焼きそば，付け合わせの落花生と細切りされた榨菜，それにスープの簡素な昼食

で柔らかく煮込んだ東坡肉、その東坡肉と干しタケノコを煮込んだ筍干焼肉など、普段食べることのない料理が次から次に出てくる。近ごろは野菜サラダ（蔬菜沙拉）もある。こうして旅行客の食卓には毎回、宴会と変わらない御馳走が並べられる（図2）。

他の団体とほぼ同じ行程で旅したことがある。同じような部屋と車だったが、旅費はもう一つの団体の方が高い。これは食事の差だと思ったが、私たちに牛乳が付かない程度の差。どこに旅費の差があるのかと訝しく思っていたら、見かけは変わらないが料理の素材が違うと言われた。

安い旅行ばかりの私であっても、御馳走を食べる機会は多い。図2はふつうの安い旅行の食卓だが、美味しい料理が並んでいる。バイキングも美味しい。これまで食べたバイキングでは、吉林省長春市の楽府大酒店が味も品揃えの豊富さも抜きんでているが、こうした豊かな食卓を中国の人びととの食事と思ってはいけな

図2 旅行客の食卓はにぎやか

1　山西省平遙（⑰）

2　上海（㊱）

3　福建省福州（㊻）

い。

朝、下町を散歩すると、あちらこちらに小さな露天の屋台や料理屋があり、小吃とよばれる油条、麺、包子、饅頭、ワンタン（雲呑・餛飩）、稀飯、豆乳（豆漿）などが用意されている（図3・図5）。

油条は細長い形の揚げパン。よく食べられていて、どこでも見ることができる。練った小麦粉を人差し指大の細長い紐状にまとめ、それを油の煮えたぎった鍋に放り込むと、小さな白紐はたちまち五倍くらいに膨張し、油条ができあがる（図4）。元が人差し指ぐらいだから食べても腹の足しになりそうもないが、食べてみると意外に腹にズッシリとくる食感がある。麺のスープやワンタン、粥、稀飯などにひたして食べると、味が深まる。

包子は肉饅を小さくしたようなもので、餡はニラだけのこともあるが美味しい。包子に似ているが餡無しの蒸しパンを饅頭という。

稀飯といっても想像できないが、ほとんど米粒の無い粥だ。粥が主に南方の言葉であるのに対し、北方では米粒の多い粥と分けて稀飯と言っている。皆さん、パンとスープの組み合わせのように稀飯に浸しながら、あるいはワンタンや麺をすすりながら、油条や包子・饅頭を食べている。油条や饅頭を立ち食いしながら通勤、通学する人も

図3 朝食は簡単に小吃で

1 雲南省麗江（㊳）

2 雲南省石林（㊻）

図4　油条とその作り方

1　河北省承徳（⑮）

2　雲南省石林（㊻）

3　湖南省長沙（㊿）

多い。

一九八〇年前後の中国は水事情が悪く、使用済みの食器や箸の洗浄が不十分だった。そのためだろうが、B型肝炎やC型肝炎が流行っていた。屋台で食事するなどとんでもなかった。しかし早朝の散歩でみかける屋台の光景は美味しそうでたまらなかった。初めて屋台で朝食をとったのは、北京で万里の長城の八達嶺口を訪れたとき、早朝の昌平県西三旗の街でのことだった（図5）。

湯呑茶碗一杯くらいのワンタン、油条二本、焼きたての焼餅一枚を食べた。ワンタン四角、油条三角、焼餅五角だったから、全部で一元半。安かったが味は抜群だった。一行一四人が同じくらいの量を食べたが、全員でも一八元（当時の日本円で四〇六円）だった。早立ちのためキャンセルしたこの日の朝食はホテルで一人一〇元のバイキングが予定されていたが、二人分にも及ばなかった。

屋台ではないが、福建省アモイ（厦門）のケンタッキー（肯徳基）で、椎茸と鶏肉の入った香菇鶏肉粥という粥と、油条を豆乳にひたしながら食べたこともある。ホテルのバイキングもよいが、安価で美味、そして満腹。街の軽食は体験をお薦めしたい味覚だ。

図 5　下町の朝食（北京 ⑯）

1　露天の屋台は大にぎわい

2　美味しそうな焼餅

パサパサ御飯

中国料理は美味しい。高級料理ならフランス料理やイタリア料理も美味しいが、辺鄙な田舎の小さな料理屋さんでも中国料理は美味しい。

パリのルーブル美術館でステーキを食べようとしたことがあるが、ナイフを寄せ付けない肉の硬さから、味わうことすらできなかったというトラウマからの偏見もある。もっとも中国でも、海南島で食べようとした水牛のステーキは硬かった。食肉用に育てた水牛などいないだろうから、労働で筋骨隆々になった水牛の肉に歯が立たなかったのは当然だろう。

もちろん、日本で味わう日本化した中国料理よりも本場の料理は味深い。しかし御飯には違和感をもつ。

中国の御飯はパサパサしている。広州あたりで長粒種のインディカ米（籼、いわゆる外米）の御飯が出てくると、パサパサ度はいっそう高まる。

中国の米は日本の農林一号の改良種だと、かつて江西省共産主義労働大学という名称の農業大学を訪れた際に説明されたから、味はそんなに変わらないはずだ。それなのにこの違い、それは炊き方が違うのだ。

中国の御飯は湯取り法で炊かれる。

炊き干し法の日本では、釜に米と水をセットすると、炊きあがるまで蓋を取らない。しかし中国では、米が煮たってくると蓋を開けて煮たった湯を取り、新たな熱湯を注ぐ。これを何回繰り返すのかは知らないが、炊きあがってくると湯を捨て、蒸して炊きあがる。捨てる熱湯には米から出る糊成分と旨味が含まれている。それを捨てるのだからパサパサするのは当たり前だ。だから、御飯を茶碗によそおっても、箸で摘むことは難しい。

紀元前のころの中国では、食指が動くというように、御飯は手で摘んで食べていた。箸はあったが、たとえば『礼記』曲礼篇に「羹之有菜者用梜、其无菜者不用梜」とあるように、梜（箸）はおかず（副食）専用で、御飯を食べるのに箸を使うのはマナー違反だった。御飯は指で摘んで食べる。しかし糊成分があるので指や掌にベタつく。そこで指を洗うためのフィンガーボールが食卓に用意されていた。

漢代になると、ベタつき防止のために、匙の使用が普及していった。それでも正式の宴会では御飯は指で摘んで食べていた。卑弥呼の使節や遣唐使なども、招待されたであろう宴席では御飯を手づかみしたのだ。

何とかベタつきをおさえたい。匙の使用はその一環だった。匙で御飯を食べ、箸で副食を摘む。これは韓国で体験する食事法だが、かつての中国のマナーがここに残っている。

その一方で、ベタつかない炊き方としての湯取り法が考えられ、中国の御飯をパサパサにしていく。

中国の御飯茶碗は湯呑みくらいの小ささだが、パサパサの御飯を飯椀によそおい、それに美味しい数々の料理を載せて即席の中華丼風、あるいはスープをかけて出汁漬け風にすれば美味しい。椀が小さいからお替わりすれば何種類もの味が楽しめる。中国に来てまで日本風に白飯を食べている人を見ると、気の毒になる。

味わい深い粥

日本で粥といえば病気を連想する。

体調の悪いときに食べることもあって、白粥であることが多い。お茶の葉を煎じた汁で煮た粥を茶粥とよぶように、粥には白粥という発想がある。中国の粥は朝食に多く見られる。ホテルのバイキングにも必ず用意される。白粥ばかりでなく、栗を煮込

図6　黒米粥と油条（河北省承徳 ⑮）

んだ粟粥や黒米で作った黒米粥（図6）、春雨の原料になる緑豆を味わう緑豆粥もある。

ただ中国では、用意された粥をそのままではあまり食べない。白粥の傍にざく切りされたレタスやピータン（皮蛋）、干エビ、トロロ、ザーツァイ、ピーナッツ、海苔など五～一〇種類ほどの付け合わせが用意されている。粥にこれらを適当にトッピングして好みの味に仕上げて食べる（図7）。

皮蛋は、これを煮込んだ皮蛋粥として用意されていることもある。

椀が小さいし粥だからそんなにお腹の負担にならないので、二杯目は別の味で、ということもふつうだ。

遼寧省綏中県の遼寧省文物考古研究所姜女石工作站の宿舎で食べた朝飯は、まだ温かい御飯を冷たい水にひたした水漬け飯だったが、夏向きのあっさりした食感だった。

湯取り法では糊成分の多い湯を捨てると書いたが、破棄するわけではないと思う。真相は知らないが、庶民の朝食で好まれるほとんど米粒の無い粥の稀飯は、この湯であろ

図7　朝食の粥（上海 ㊱）

1　干エビ・ネギ・ザーツァイなどの付き合わせ

2　美味しい朝の粥

うと想像しているからだ。

抜群の炒飯

パサパサポロポロの御飯だが、これを炒飯にすると滅法美味しい。

日本で食べる炒飯は、具材のエビ・イカ・ハム・ベーコンなどの肉類やレタス・ネギ・人参・ピーマンなどの野菜類を卵でとじて御飯に合わせ、鮮やかに味つけされている。

中国にも同じようにハムやエビ、椎茸、グリーンピースなど卵でとじて炒めた黄色い揚州炒飯、ハム・ネギ・人参・トウモロコシなどを醤油で炒めた茶褐色の上海炒飯

図8　揚州炒飯と上海炒飯

1　揚州炒飯（上海 ㊱）

2　上海炒飯（上海 ㊱）

など、その土地の特徴的な炒飯もある（図8）が、ふつう卵だけ、あるいはそれに少量のネギを加えたシンプルなものが多い。これが美味しい。

日本で炒飯を作るときには、御飯を水洗いして糊成分を落とすようにする。これは炊き干し法で炊いた御飯は、そのままでは米粒と米粒がくっついて、すべての米粒に満遍なく味が及ばないためだ。

その点、湯取り法で炊いた御飯はポロポロだから、卵や調味料の味が一粒一粒、そして全体に染み透る。だから御飯と卵だけであっても美味しさ抜群の炒飯になる。

同じことで、日本では不評のインディカ米（外米）も、炒飯にすると美味しい。日本の炒飯を食べたいと思わなくなるほどだ。

御飯にルーを絡めて食べるカレーライスも美味しい。上海で一度食べたことがあるが、炒り卵を混ぜた御飯にルーがよく馴染んでいた。

チマキ（粽子）

生のモチ米（糯）と叉焼や野菜などの餡を包み蒸し上げたチマキ（粽子）は、日本の中華チマキとほとんど変わらない。竹の皮や真菰の皮などで包む。

端午の節句のチマキは笹の葉で巻かれているが、中国では竹の皮が多いと感じる。朝食に用意されていることが多いが、竹の皮で包んだ見栄えも、中身も一緒だ。

陝西省の西安を旅していたとき、体調を崩して団体から外れたことがある。ホテルで休息していると、日本語の通じるタクシーの運転手がいると、ボーイさんが教えてくれた。そこで呼んでもらった。助手席に高野山金剛峯寺の御守りがぶらさがるタクシーで、漢代の未央宮跡に連れて行ってもらった。

小高い基壇から周囲を眺め、降りてくると、自転車を押した物売りが近づいてきて

「イマナンジ（今何時）」と言ったように聞こえた。ここが中国であることを忘れ、腕時計を見せながら、「一一時だよ」と答えたら、わかったという顔をしていた。

自転車の荷台に箱があったので「何を売っているの」と問うと、熱々のチマキを見せてくれた。「二つください」と言うと、二個を取り分けてくれた。全部日本語だったが、ふつうに会話できた。

そのチマキ。チマキを覆う竹の皮を外すと、真っ白のおにぎり状のものだった。それまで食べたチマキは日本で食べた物とそんなに違わなかったので白いチマキに面食らったが、ホカホカだったので急いでくわえた。すると、甘い匂いのする茶黒い物体が勢いよく私の白いシャツの胸部に飛び散った。黒砂糖を御飯に包み込んだチマキだったのだ。熱々の御飯で溶けてしまったドロドロの黒砂糖に容赦なく襲われ、シャツをチョコレート色に染めながら食べたものだった。

白いチマキは、河姆渡遺跡を訪れようとして泊まった浙江省余姚の余姚賓館でも、食べたことがある。

中華チマキには、日本で端午の節句に食べるチマキと違って、米粒がある。古くは弥生時代の石川県金沢市チャノバタケ遺跡からチマキと考えられる長三角形おにぎり状製品が出土している。

図 9　米粒の無いチマキ（浙江省余姚 ㊶）

日本最古の辞書である『和名抄』（九三五年ごろ完成）にも粽があり、「菰の葉も以て米を裹《つつ》み、灰汁《あく》を以て之を煮て蘭塾せしむる也」とあるから、米粒があったことがわかる。チャノバタケのチマキにも米粒がある。余姚のチマキは節句のチマキのような粒の無い餅状だった（図9）が、餅状チマキとの出会いはこの一度だけだった。

それにしても、余姚のチマキは長三角形の形、紐の掛け方などチャノバタケを思わせるものがあった。包んでいた葉が何かはわからなかったが、竹の皮でも笹でもなかったから、市場でよく見る真菰かも知れない。

2 煮込み御飯と炊き込み御飯

赤米飯と紅豆飯

今では中国西南部の少数民族地帯でも漢族中心の都会と同じように御飯や粥・チマキなどが食べられているが、数々の逸品料理がテーブルを埋め尽くす食卓で、米飯は主役ではない。だから炒飯はあっても五目飯や鶏飯のような加薬御飯を食べた記憶はあまりない。

菜飯という野菜をからめた御飯があるが、これも炊き込みではなく、炒めた野菜類を御飯と混ぜたように思われた。もともと湯取り法で炊く御飯では炊き込み御飯（煲飯）は作れないからだ。

赤飯はある（図10）。

浙江省横店の旅游大厦で食べた赤飯は、白い米を赤い米に替えて湯取りして炊いただけだったから、白米の御飯と変わらない。赤飯ではなくパサパサした赤米飯なのだ。

図10　赤米飯と紅豆飯

1　浙江省横店（㊸）

2　河北省承徳（⑮）

河北省承徳などで食べた紅豆飯という赤飯には小豆（紅豆）が入っていた。炊き干しされていたから米に艶があり、見かけも食感も赤飯だった。

炊き込み御飯はモチ米（糯）を炊き干し法で炊く西南中国の少数民族にはある。

雲南省西双版納傣族自治州の景洪からタイ式仏教寺院で知られる勐海県の景真八角亭に向かっていたところ、勐海県城の景管路に大きな市場があった。立ち寄ったら、濃い紫色の飯を売っている。豆の粒も見える。これはと思い買おうとすると、バナナの葉に載せ天秤棒で測ってくれた（図11）。チョ

図11　市場で売っていたササゲ入り黒紫米の紫飯（雲南省勐海 ⑭）

ットでよいと言ったが、ソフトボールの球より大きかった。

食べてみたが、色が黒っぽいだけで、モチ米（糯）と豆を蒸した赤飯は芳しくて美味しく、美味しい昼食の前だったので一口と思ったが、結局全部平らげてしまった。

豆は小豆に似ていたが、売っていたおばさんは大角豆と教えてくれた。大角豆はササゲのこと。西日本の赤飯は白い米を小豆が赤く色づけする。東日本でも最近は小豆を使うようになりつつあるが、本来ササゲで色づけしていた。

だから色の違いを除けば、雲南の赤飯は東日本と同じといえる。赤飯は、雲南のササゲ入り赤飯から赤米で作る赤飯、ササゲで色づけした白米赤飯、小豆で色をつける白米赤飯と変化しているように思える。東日本に古相が残っているのだろう。

図12 御飯が別に付く寄せ鍋風沙鍋（上海㊱）

煮込みする沙鍋飯

煮込み御飯ならある。上海の全聚徳烤鴨店で食べた糯種の赤米と豚肉の煮込み御飯はお菓子のように甘かった。

よく食べられている煮込み御飯は沙鍋飯だ。沙は砂のことで、沙鍋は砂鍋、日本でいう土鍋に当たる。沙鍋料理は庶民の味で、街を歩いていると「紅泥沙鍋」などの看板をよく見る。寄せ鍋に麺や御飯を入れたような料理で、御飯を入れると沙鍋飯になる。

北京で叉焼肉煲仔飯という硬めの土鍋炊き込み御飯を食べたことがある。チャーシュー（叉焼）と青梗菜、細切りのジャガイモ（土豆）と生の米、別の機会には牛肉とジャガイモを主に乱切りした人参・胡瓜と生の米を土鍋で煮込んでいたが、炊き干し法になるので、食感も日本の御飯のようで癖になるほど美味しかった。

上海で食べた三鮮美味沙鍋飯は、大量の白菜と魚・肉団子・ワンタン・キクラゲ・ハルサメを煮込んだ土鍋（図12）で、御飯は茶碗に盛られていた。これは日本で食べる飯付き寄せ鍋と変わりがなかった。

竹の香りの竹筒飯

炊き込み御飯は西南中国の少数民族料理にある。

タイ（傣）族をはじめ、南方の少数民族はウルチ米（粳）のときは湯取り法でも炊くが、好んで食べるモチ米（糯）は炊き干し法で炊くから、見た目、味、食感ともになじみ深い炊き込み御飯が可能なのだ。

香竹飯などともよばれる竹筒飯というのがある。孟宗竹のような太い竹の筒部の節を利用し、筒に生の黒紫米のモチ米（糯）と鶏肉や野菜、果実などの具材と水を入れて笹で栓をし、そのまま囲炉裏《いろり》の火にくべる。竹筒を炊飯器代わりにするのだ。もちろん湯取りできないから、頃合いをみて竹を割ると、煮込まれたモチモチの五目飯ができあがってくる。

図13 都会の竹筒飯

1 上海老城隍廟小吃広場(㊱)のまがいものの竹筒飯

2 北京東華門夜市(⑯)の竹筒飯

3 北京東華門夜市(⑯)の竹筒飯

北京王府井大街の燕蓉州美食城、東安門大街の東華門夜市の屋台（図13－2・3）、海南省通什市、雲南省西双版納傣族自治州の景洪などで食べた。燕蓉州の竹筒飯には竹筒焼肉がついていたが、どれも格別の味だった。強いていえば中華チマキ（粽子）の味だが、竹の香りが染み込んでいる分、竹筒飯に軍配はあがる。

上海の豫園にある老城隍廟小吃広場に竹筒飯があったので食べてみた。これは容器の竹筒に、別に炒めた上海炒飯のような飯を盛りつけたもの（図13－1）で、西南少数民族の竹筒飯とは別物だった。

真っ黒の鶏飯

雲南省景洪で鶏飯を食べたことがある。

一九九一年の夏だったが、当時電力不足のため、電気の灯らない日があった。ロウソクの明かりで食べる夕食はそれなりの趣があった。食卓に、白い皿に盛られた真っ黒な気味の悪い物体があった。恐る恐る箸で摘み食べてみると、黒紫米と烏骨鶏を炊き込んだ鶏飯だった（図14）。御飯に鶏肉の味が染み込んで美味しかったが、以来、食べる機会に恵まれていない。

図14 **黒紫米と烏骨鶏の鶏飯**（雲南省景洪 63）

北京で食べた、鶏スープで味付けされた御飯に蒸した鶏の胸肉を載せた海南鶏飯も、炊き込み御飯の仲間だ。電気炊飯器の中に米と水・調味料を混ぜ入れ、その上に腿肉などの太めの鶏肉を置いて炊き上げるアジアン鶏飯が最近日本でも食べられるようになった。すでに試された方もおられようが、それが海南鶏飯と似ている。

3 米を加工した美味しい食べ物

日中で異なる「餅」の概念

私たちは手紙というと葉書などの郵便物を思い浮かべる。ところが中国では手紙はトイレットペーパーを意味する。同じ漢字を用いる国であっても、中国から学んで以来独自の漢字文化をつちかってきた日本では、同じ漢字であっても中国と意味が異なることがある。

先に朝食の常連として饅頭を紹介したが、餡入り和菓子の日本とは違い、餡無し中国パンを饅頭という。「餅」もその例になる。

蒸籠で蒸したモチ米（糯）を臼に入れ杵で搗く餅搗きは、正月を迎える日本の代表的な風物詩になっている。電気餅搗き器の発達やいつでも商店で買えるようになってきて最近はあまり見かけなくなっているが、郷愁をそそる光景でもある。

日本で餅といえば、鏡餅や餡餅、黄粉餅など、餅搗きされた餅が脳裏に浮かぶ。し

図15 **餅搗きする朝鮮族**（河北省承徳 ⑮）

かし中国の人には浮かばない。西南中国の少数民族を除いて、中国では餅を搗かないからだ。ただ、搗かないにしても春節に食べる年糕のように餅はある。これは米を粉にして練って作ったもので、日本でも和菓子などはこうして作ることがある。

二〇一一年の夏に河北省承徳郊外の塞罕覇国家森林公園に避暑に出かけたところ、餅搗きの光景が見られた（図15）。内蒙古自治区に近い所だが、漢族もモンゴル族も餅は搗かない。どうしたことだろうと思ったら、朝鮮族だった。

餅搗きは遼寧省の瀋陽駅前でも朝鮮族がパフォーマンスしていた。吉林省集安市にある北朝鮮のアンテナショップの妙香山にダーコ（打糕）という黄粉餅があった。杵搗きの餅と言っており確かに延びが良かったが、型押ししているところをみると粉餅の疑いがある（図16）。朝鮮族は餅搗きをしないと聞いているが、実際はするのだろうか。

漢族にはみられないが、蒸したモチ米を臼に入れ杵で搗く餅搗きは西南中国の少数

図16　朝鮮族の打糕（吉林省集安⑧）

民族ではふつうだ。苗族や侗族などは餅を正月の祝いで食べるから、習俗まで日本と似ている。

搗かないで作る餅がある。太宰府名物の梅ヶ枝餅は、粉にしたモチ米（糯）とウルチ米（粳）を練り上げ、小豆餡を包んで焼いている。

韓国のトッポギもウルチ米の粉を練って作った餅だ。練り上げた米の粉を薄く延ばして焼きあげる醬油煎餅・塩煎餅になると、煎餅に餅の文字が入っているものの、餅のイメージすら浮かばない。さらに瓦煎餅になると、小麦粉と卵や砂糖などを練って焼いていて、米をつかわない。

中国の干菓子で著名な月餅は搗かない餅で、餡や干した果実などを包み焼いているが、餅のイメージはない。しかも小麦粉で作られていて、日本人の感覚では餅ではない。大きく見ると、これは瓦煎餅の中間だろう。

図17 甘酒に漬けられた白玉団子のデザート（浙江省紹興 ㊴）

佐賀みたいな白玉団子

浙江省の省都杭州には、有田焼を連想させる杭州南宋官窯博物館、博多織との関係を展示している絹や織物の専門館中国絲綢博物館、嬉野茶に残っている釜炒り茶の技法を紹介する中国茶葉博物館がある。郊外のクリーク地帯では菱が栽培され、丸いタライ舟で収穫する光景もあって、日本、ことに佐賀の香りがする。

一九九〇年に、世界最古の水田といわれていたが、当時外国人への公開が禁止されていた河姆渡遺跡を見学する機会があった。許可をくれた紹興市が案内してくれるというので、紹興に泊まった。

夕食を終えると、デザートの菓子が出てきた。甘酒に漬けた白い団子で、小さくまるめられた本体は姿形も味も佐賀の銘菓白玉団子だった（図17）。米の粉を一口大くらいに練り上げた白玉団子は、上海の湯円と似ていて、寧波、温州や瑞安でも食べた。

温州・瑞安が面する温州湾にはムツゴロウが生息していて、それを潟スキーで獲っている。この光景も佐賀にある。

炸煮跳魚という料理を食べたが、まさにムツゴロウの飴煮だった。

白玉団子ではないが、漢字の故郷、河南省安陽で梅ヶ枝餅風のデザートを食べたことがある。揚げられていた点は異なるが、形も味も梅ヶ枝餅。コンデンスミルクをかけた揚げシュークリームもあったから、これを食べた一同は、売れ残った梅ヶ枝餅を安く輸出し、揚げることで痕跡を消そうとしているに違いないと、評価していた。それほど似ていた。

後日、北京で同じような餅菓子を食べた。そこでは製造販売していたので、横流しの疑惑は晴れた。

本当は激甘の紹興酒

蒸したモチ米（糯）を醸造する紹興酒は日本では老酒として親しまれている。少し甘味をもっているが、うっすらと黄色味をおびた琥珀色の色合いをしていて、スッキリとした飲み心地の美酒である。

紹興で、紹興市政府の日本担当者が苦労して見つけてくれた名酒古越龍山も、紹興市紹興県で開かれた「銅鏡と文明」国際学術フォーラムに出席した際に紹興県政府からプレゼントされた、娘の誕生を祝って酒を甕に詰めて埋め、嫁に行くときに掘り出して祝い酒にするという花雕酒も、いずれも甘味を抑えたスッキリとした酒だった。

そのフォーラムの途中、魯迅の名作『阿Q正伝』岩波文庫版に収められている小編「孔乙己」に出てくる咸亭酒屋のモデルになった咸亭酒店に行き、名物の紹興酒とつまみを注文した。

つまみは醤油で煮込んだ落花生（煮花生）、空豆、真竹の筍、手長エビがセットになっていたが、茴香で風味を付けた空豆が「孔乙己」に出てくる茴香豆、真竹の筍が塩筍だろう。

つまみとともに運ばれてきた椀に盛られた酒は、以前道の向かい側にある新館で食事をしたときに飲んだふつうの紹興酒とは異なり、コーヒーのような色合いで、ドロリとしていた（図18）。飲むと猛烈に甘い。

この味には覚えがある。

海南省三亜市で飲んだ赤酒だ。街の小さな商店の棚にあった山蘭糯醴と山蘭玉液を

図18　咸亨酒店の紹興酒（浙江省紹興 ㊴）

図19　強烈な甘味の山蘭酒
（海南省三亜 ⑴）

見つけたのは菅谷文則滋賀県立大学教授だった（図19）。「山蘭」は焼畑で栽培した赤米のこと。糯はモチ米。醴は甘酒だから、焼畑栽培モチ種赤米製甘酒の意味になる。さっそく買って飲んでみたら言語を絶するような甘さだった。飲んべえ三人で一合を飲むのに一時間を要したといえば、甘さを想像していただけよう。

咸亨酒店の紹興酒は山蘭糯醴に変わらない猛烈に甘い酒だった。

黒米酒という調味用の酒がある。

最近、日本の各地で赤米が栽培されるようになってきたが、赤米の赤の色素が強くなると黒味の濃い黒紫米になる。さらに色素が強くなると真っ黒になり、黒米とよばれる。赤米・黒紫米と同じように甘く、香りがよい。

陝西省杭州市の市場を歩いていると、小さな酒屋があり、黒米酒を売っていた。一合のガラス瓶入りのものがあったが、姿形も色も卓上醬油に見える。一瓶買って飲んでみたが、砂糖の塊のようにとてつもなく甘い。いたずら心で飲み友達へのお土産に買って帰ったが、皆さん甘さに辟易としていた。

この甘い酒は日本にもある。熊本に調理用甘酒として知られる肥後の赤酒があるが、これも甘い。清酒と同じように醸されるが、熟成して絞る直前のドロドロした醪《どぶろく》に木灰を混ぜて酸を中和し、微アルカリ性の酒にする。現在の肥後の赤酒は古越龍山などの紹興酒のようなウイスキーのような色をしているが、咸亨酒店の紹興酒は黒紫色で山蘭糯醴や肥後の赤酒のように猛烈に甘い。

別の機会に、友人が甕詰めの紹興酒を買い、ホテルで飲んだところ、とんでもなく甘い酒だったことがある。そのときは騙されたと思ったが、どうやら、この甘酒が紹興酒の起源を伝える正統な紹興酒なのだろう。

善哉のような甘いデザート黒米糯

黒米や黒紫米をトロトロに炊いた黒米粥があるが、これとは別に、甘い米を使ったデザートに黒米糯がある。

ホテルのバイキングにデザートとして黒いゼンザイ（善哉）のようなものがあることがある。食べてみると甘い。粒々もあり、味も善哉みたいだが、黒米糯というデザートだ。

焼畑栽培されたモチ米（糯）を意味する山蘭で醸した甘酒を山蘭糯醴というように、黒米など赤米系統の米は芳しい香りの匂い米であり、強い甘味をもっている。小豆ではなく、そのモチ米の黒米を煮込んだのが黒米糯だ。上海のホテルで「血糯米」と書かれていた例もあったから、善哉のようなデザートと考えて探されるとよい。

今では焼畑が禁止され、陸稲栽培されるようになった黒米は甘味がやや薄れたと聞くから、砂糖などの甘味料を加えることもあるかも知れないが、米で作った甘いデザートを話の種にもお薦めしたい。

4 おにぎりが御飯を変える

おにぎりの進出

何とかベタつきをおさえたいところから考案された湯取り法による炊飯だが、粘り気をおさえた代償として、糊成分ばかりでなく、甘味旨味も湯とともに取り去っている。

そのことに気付いた中国で、今、御飯革命が進行している。湯取り法から炊き干し法への回帰だ。

あくまでも私見だが、この革命は思いがけないところから起きている。

そのきっかけは日本からのおにぎりの進出にあると思う。中国にはセブンイレブン（柒－拾壹）やファミリーマート（全家）・ローソン（羅森）などの日本系のコンビニ（便利店）があちこちにある。そこではおにぎりが売られている（図20）。

中国の人は、ことに朝食を外食ですますことが多い。彼ら彼女らは油条や焼餅・包

図20 コンビニのおにぎり（上海 ㊱）

子・饅頭を食べながら会社や学校に向かっている。今、その手に腹もちのよいおにぎりを握る人が増えている。

中国ではおにぎりを飯団という。三文魚飯団といえばサーモン（鮭）の入ったおにぎり、同様に金槍魚飯団はシーチキン入り、三文魚蛋黄醤飯団は鮭と煮卵入りのおにぎりになる。焼き鳥を包んだ焼烤鶏団飯包というのもあったので、団飯包とも言うらしい。

韓式石鍋拌飯飯団というおにぎりを食べたことがある。韓国料理のビビンバを握ったもので、毎日食べ続けたい美味しさだった。

おにぎりばかりでなく、手巻寿司・細巻、そして御飯サンドイッチもある。手巻寿司や細巻は三文魚蛋黄醤細巻寿司、鶏腿沙拉火炬寿司巻などというから、寿司あるいは寿司巻で知られているのだろう。鰻魚細巻寿司というのもあった。寿司や細巻の表記で中国の人にわかるのだろうかと思うのだが。

御飯サンドは米堡包とよばれている。棘鶏腿排米米堡包といえばピリ辛トリカツ御飯サンド、ジャガイモと牛肉を餅（日本の餅ではなく、お好み焼きのようなもの）状にした焼汁土豆牛肉餅米堡包などがあった。

北京の中国系コンビニに豉香扇貝飯団というおにぎりがあったので買ってみたが、おにぎりを包むセロファンを外すと、パラパラに崩れた。湯取り法の御飯ではおにぎりは無理なのだ。

おにぎりから炊き干し法による御飯に慣れ親しんでいく時代になったのだ。

好まれるにぎり鮨

今、中国ではおにぎりの仲間のにぎり鮨も好まれている。

にぎり鮨が中国に登場したころ、黒龍江省哈爾濱市の華融飯店で鮨ロボットが成形したシャリに、チューブ入り練りワサビを三センチほど載せ、ネタで蓋をしたような

図21 沙漠の街で食べた舟盛りされた刺身
（新疆ウイグル自治区烏爾木斉 ⑳）

鮨を食べ、あまりの辛さに悶絶したことがあったが、今では鮨職人が握ってくれる店もある。

しかし、カザフスタンに近いボーロー（博楽）という沙漠のオアシスの街で、刺身、日式寿司と書かれた看板を見たときには、刺身や寿司という文字で内容がわかるようになったのか、そして沙漠地帯でまで食べることができるようになったのかと驚いた。

刺身はウルムチ（烏魯木斉）のバイキングでも見たが、舟盛りされていたのにはここまで真似るのかと思ったものだった（図21）。これを食べたが海岸線からもっとも離れた刺身食となった。

鮨や刺身の普及は、川魚中心で太刀魚（帯魚）を除いて海の魚をあまり好まなかった中国人の舌を海鮮好みに変えている。かつて日本への輸出用に漁獲されていた海の魚は、今では中国の食卓をにぎわしている。それは日本を魚不足にし、海の魚の高額化をもたらしている。

街で見かける看板やメニューに握寿司、手巻寿司、細巻などの文字が踊り、日本食の認知度の確かさをうかがうことができる。

和風・日式の日本食

中国の都市で吉野家をよく見る。かつて牛肉不足から吉野家をはじめとする日本の牛丼屋から牛丼が消えたことがあったが、北京の吉野家では食べることができた。北京大学の近くにある円明園の西洋楼は清朝乾隆帝によって造営されたヨーロッパ風の建築で、アヘン戦争のときに破壊されたものの、遺構が残っている。テレビドラマ「大地の子」の舞台にもなったので遊びに行ったところ、園内の茶店のメニューに和風日式焼肉飯というのがあった。

和風と日式。日本が重なった名前の飯は何だろうと思い注文してみると、皿に盛られた牛丼だった。こうした緩めの牛丼は牛肉蓋飯とよばれ、よく食べられている。牛肉ダレをかけた牛肉蓋飯や日式牛肉飯を食べてみたが、ポロポロ飯のせいもあって吉野家の牛丼にくらべると美味しくなく、吉野家の牛丼が好まれるのは当然だと思った。湯取り法で炊かれたパサパサの御飯に焼肉を載せた和風日式焼肉飯と炊き干し法で炊かれた弾力のある御飯にタレで煮込んだ牛肉をかける吉野家の牛丼を食べくらべると、美味しい味に慣れた中国の人びとの舌を吉野家が奪うのは成り行きだろう。

天丼や鰻丼を食べたこともある。鰻重だってある。新東安市場で日式鰻魚飯という鰻丼を食べたが、湯取り法で炊いた御飯だったこともあって、不味かった。しかし、吉林省長春市の永大娯楽というファストフードの店で食べた鰻魚寿司は、鰻のかば焼きの切り身を申し訳程度に載せた散らし寿司だったが、御飯が日本と同じように炊かれていたので美味しかった。

チェーン店の元禄寿司がどこにもあるし、寿司という文字はコンビニの手巻き寿司や日式料理の店で見られるのはもちろん、今やふつうに通用している。かつてはぶつ切りにして鍋で食べていた鰻なのにかば焼きにしている。日本食の浸透は驚くべき濃さがある。

北京に鉄板屋という看板の店があった。鉄板屋という文字に日本的な響きがあったので気になって入り、陽光漢堡肉排を頼んだ。漢堡はハンバーグのことだから、漢堡肉排でハンバーグステーキになる。運ばれてきたトレイに配膳されていたのは、椀に盛られた御飯と目玉焼きやブロッコリー・もやし・トマトを付け合わせたハンバーグだった（図22）。

図22　鉄板屋のハンバーグ（漢堡）定食（北京⑯）

トレイの雰囲気は日本のファミリーレストラン。気のきいた定食屋にもある。ドイツ生まれのハンバーグは日本ですっかり和風化し、ファミリーレストランばかりでなく定食屋のメニューにもある。だからといってこれを日式漢堡とはいえないだろう。これはいわば和風洋式料理である。

中国で餃子は水餃子・蒸餃子で食べられる。残り物を翌日、鍋で焼いて食べる餃子は鍋貼とよばれる。しかし最近では、焼餃子を日本人が好むことを知られてきたせいか、「焼餃子」の看板も時折見られるようになってきた。これは和風中式料理かも知れない。

日式料理に加えて和風洋式、和風中式などのさまざまな形で日本食は中国に浸透していっている。確かな日本料理も伝わっている。

吉林省長春で配られた弁当は、散らし寿司と刺身、エビ・カキ・魚のフライ、焼魚、大根のおでん、納豆、豆腐とワカメの味噌汁だったが、味も食感も完璧な日本料理で、日本故郷料理と言っていた。

図23　日本故郷料理の和定食（河南省洛陽 ㉛）

しかし多くは、日式料理あるいは和風であっても日本料理ではない。河南省洛陽市で、日本人客を対象とした和食の店で日本料理を食べさせられたことがある。鰻のかば焼き・刺身・とんかつなどの豪華な料理が膳に載せられていて、いかにも和定食だった（図23）が、泥臭くて食べる気の起こらない鰻をはじめ、日本料理の味がしなかった。

これよりもアレンジされた日式料理の方が美味しい。日本で食べる中国料理のように、中国に伝わった日本料理は人びとの好みに応じて変容し土地に馴染んでいくものなのだ。

ともあれべトつく日本式炊飯法による御飯で作るおにぎり・寿司・御飯サンド、にぎり鮨、丼物などの日本食が中国の人びとの舌を変えていく。

日本の電気炊飯器の普及

中国で日本式炊飯法が普及したもっと大きな要因は、日本製電気炊飯器の普及だろう。

二〇一五年前後に中国人の爆買い現象が起きたとき、こぞって求めた家電に電気炊飯器がある。中国製電気炊飯器には湯取り法の可能な湯取り機能と蒸し機能の付いたものがあると聞いたが、日本製の電気炊飯器では湯取り法の炊飯はできない。炊き干し法の日本製電気炊飯器では私たちに慣れた粘り気の強い御飯が炊きあがる。おにぎりやにぎり鮨、吉野家の牛丼などを通してその味と食感に馴染んだ人びとは、糊成分の多いパサつかない御飯を躊躇することなく食べている。

こうして次第に、電気炊飯器に追い打ちをかけられ、炊き干し法の御飯へと中国の人びとの舌を美味しく回帰させていく。

Ⅱ

麺へのあこがれ

1 博多ラーメンの故郷を探す

中国の麺

中国では「麺」を紅焼牛肉面や鮮蝦魚板面のように「面」と簡体字で表現する。欧米系のパンを面包というから麺包になるが、しかしどこにも麺は入っていない。中国では小麦粉食品を広く面（麺）とよぶからで、パンも餃子も麺になる。

しかし同じ麺状であってもビーフン（米粉）は文字通り米を粉にしたもので、小麦粉ではないから麺とはよばない。

麺は丸い棒状の塊を何度引っ張り折り返して延ばすかで食感が変わる。五回繰り返すとうどん大の太さ、六回繰り返し一本の麺が六四本まで増えると冷麦大になり、ふつう、この太さで食べられている。さらにもう一回引っ張って一二八本にすると素麺の細さになる。

図32（77ページ）で紹介するように、この工程を新疆ウイグル自治区では手延べで

図24 麺の乾燥（雲南省巍山 ⑹）

していたが、量産がきかない。

そこで福建省や陝西省、それに日本などに残る古来の方法では、腕の替わりに棒を使う。二本の棒を固定し、図32の2の段階までと同じような方法で細くした麺生地を延ばし、紐状になった麺生地を、桁に固定した二本の棒に糸を巻くように「∞」状に襷掛けする。その後、一方の棒を外し、棒の両端を引いて延ばす。麺の粘力の回復を待ってこれを繰り返す。この方法で麺を量産する。

図24は出来上がった麺を干している光景だが、美しい。この祖型というか、少量用に簡単にしたのが手延べによる方法になる。棒延べも手延べも同じ技法が日本に伝わっている。

素麺の太さのものは龍髭麺とよばれ、湯麺で食べられることが多い。浙江省杭州市の棚橋農貿市場で買ってきたことがある。龍髭麺を茹で、炒麺（焼きそば）のように炒めて食べようと思ったら、短く切れてしまい、味はともかく見た目が悪かった。そこで、中国では湯麺にするなと思い、見た目の類似から麺つゆにつけて冷やし素麺にしてみたら美味しかった。だから龍髭麺と素麺は同じものと考えている。

温州ミカンの故郷、浙江省温州市の隣に瑞安という街がある。意外にもここに支石墓があり、それを見ようと出かけた。宿舎の瓯昌飯店の近くを散策していると、屋台の麺屋さんがあった。各種の麺を売っているのだが、数えなかったが二〇種くらいはあった。大きくは生麺と乾麺に分けられたが、屋台の主人に違いを聞くと、生麺は焼きそば（炒麺）のように麺を炒めるとき、乾麺はラーメンのようなスープにつける場合に使うと教えてくれた。乾麺の龍髭麺で焼きそば風にしようとしたのは、調理法の間違いだったのだろう。

麺作りは刀削麺の故郷山西省が有名で、ことに世界遺産の平遙古城がある平遙市が知られている。

寧夏回族自治区銀川市で食べた猫耳朵は、小さく切った麺生地から指先で猫の耳のような形にひねりだしたものだが、これも山西省にある。

麺の聖地平遙にはいろいろな種類の麺がある。それを楽しみに平遙を訪ねたことがあるが、ふつうの旅行ではあまり麺に接することはできなかった。

感激の寧波ラーメン

中国で狂ったように麺を食べていた時期がある。

中国にはさまざまな麺料理がある。

拉麺という、手で引っ張って延ばした手打ち麺を意味する麺料理があるが、見栄えが似ており、発音もラーメンに近い。だから拉麺がラーメンの源だろうが、どの地方のラーメンだろうかと関心をもった。

東京に行く機会が多いが、ラーメンはあまり食べない。博多の豚骨ラーメンからすると、ラーメンの仲間ではなく、あっさりとした湯麺だからだ。

しかし中国の拉麺は、代表的な揚州拉麺からして東京のラーメンに近く、白濁した豚骨ラーメンは見かけない。

後に紹介する雲南省の過橋米線のスープに牛骨や鶏骨を煮出したように白濁しているものがあるから、白濁スープが無いわけではないのに。

浙江省の寧波市は日本との深い交流の歴史をもつ街だ。その寧波の中心に市民が憩いを求めて集う月湖という公園がある。近くの寧波飯店に泊まっていたので、朝食前に散歩に出かけたら傍らにラーメン屋があった。

見ていると、熱湯で湯掻いた麺をしっかりと湯切りして丼に入れ、薄肉片やネギをトッピングし、熱々の白濁したスープをかけて客に出している。この作り方と見栄えは博多ラーメン（図25）。

咖喱牛肉麺と豚肉入り小包子（猪肉小包子）を注文したが、薄肉片は牛で、牛骨ラーメンだった。

豚骨と牛骨では違うが、作り方や見栄えが博多ラーメンにそっくりだし、博多と寧波を結ぶ日中交流の窓口としての深い歴史があることを考慮し、これこそ博多ラーメンのルーツと思い、店主にこれは寧波拉麺かと尋ねた。思いがけないことに、店主はしばらく福岡で働いていたことがあり、博多ラーメンを真似たという。里帰りした博多ラーメンだった。

同じような麺は新疆ウイグル自治区のカラマイ（克拉瑪依）の味之源牛肉麺という清真（イスラム料理）の店でも食べた。この牛肉麺の牛肉を豚肉に替えればチャーシュー麺（図26）。見かけもラーメンだった。

中国では、新たに進出してきた日本のラーメンを日式拉麺として中国の拉麺と一線を画している。だから博多ラーメンも国内でルーツを探した方がよかろう。

図25 寧波の博多ラーメン風拉麺
(浙江省寧波 ㊷)

1 椀に茹でた麺を入れ，牛肉片を載せる

2 ネギを加え，牛骨スープを注ぐ

図26 見栄えがよく似た克拉瑪衣の牛肉麺と博多ラーメン

1　新疆ウイグル自治区克拉瑪依（㉔）

2　福岡県福岡市

豚骨こそが日式拉麺の生命

今、中国の街には、日本のラーメン屋さんがあふれている。ことに熊本の味千ラー

メンを筆頭に豚骨ラーメン（豚骨拉麺）屋さんがどこにでもある。

これら日本のラーメンは「日式拉麺」とよばれている。豚骨ラーメンが圧倒的に多いが、味噌ラーメンや塩ラーメンなどの白濁豚骨でないラーメンもある。

日本で食べる中国料理の麺は、うどん、冷麦、素麺と味も黄色みを帯びた色合いも何か違う。しかし作り方は中国と何も変わらない。白濁スープの博多ラーメンはともかく、揚州拉麺や蘭州拉麺は東京ラーメンに似ているところがある。図25の寧波拉麺も図26の克拉瑪依の拉麺も、見た目は日本のラーメンと変わらない。

味多千拉麺という中国系の店があった。味千ラーメンよりも勝っているという意味だろうが、何が多いのかと思い食べてみると、具が多かった。しかし具の少なさが差でないことは、寧波や克拉瑪依の麺でわかる。

では、違いは何だろう。中国に新たに伝わってきたラーメンと本来の中国の拉麺の違いは、コンビニなどに並ぶ日本製カップラーメンでも知られていき、ラーメンを日式料理と認識させる。中国の拉麺と区別して日式拉麺と「日式」を冠せるには理由がある。

今、街を歩くと牛肉麺の看板が溢れている。

美国加州牛肉麺大王や李先生加州牛肉麺大王、正宗蘭州牛肉麺などの拉麺のチェーン店（連鎖店）が都会や大きな街のいたる所にある。ラーメンと見栄えの変わらない湯麺の牛肉麺、牛肉や野菜などの薬味を載せスープをかけないジャージャー麺状の干牛肉麺（図27）、焼きそば風の炒麺が好まれているようだ。

茹でた麺に合わせるスープには白濁したものもある。寧波でしか聞いたことはないが、牛骨煮出しと言っていた。麺には叉焼ではなく茹でられた牛肉の薄片が載せられている。

しかし豚肉麺は見かけない。

中国では牛肉・羊肉・鶏肉というが、豚肉とはいわない。豚肉はもっとも好まれる肉で、「肉」といえば豚肉を意味する。その豚を猪という。イノシシは野猪で、十二支の亥年の亥も猪だから可愛らしい豚になる。

だから豚肉麺ではなく肉麺や猪肉麺で探してみた。豚骨拉麺の店はあるが、それは日式拉麺の店だ。日本のラーメンは、大人気の味千拉麺が豚骨スープであるし、豚骨ラーメンでなくても叉焼は焼き豚の異名のように豚肉で作る。

牛肉麺の中国に対し豚肉麺の日本。日式拉麺の店には豚骨拉麺の看板があり、豚骨拉麺とあれば日式になる。

日式拉麺として日本のラーメンを中国の麺の仲間に入れないのは、そういうことだ

図27　雲南で食べた干牛肉麺（雲南省昆明 ㊿）

1　ジャージャー麺のような干牛肉麺

2　混ぜて食べる

ろう。

うどんの進出

うどんは漢字で饂飩と書くが、中国にはもう饂飩という食べ物はないから日式饂飩ということはなく、音をとって烏冬や烏東とよばれる。そのうどんの進出もいちじるしい。

麺の打ち方や太さが同じものは中国にあるが、ゴボウ天うどんや月見うどんのようなシンプルな味とトッピングの麺はない。北京の新東安市場にある日本最高峰と称する板長寿司という店で、炸蝦野菜餅挂烏冬というのを食べたことがある。径一〇センチ、厚さ一センチほどの大きさの、海老と野菜の掻き揚げ（炸蝦野菜餅）をトッピングしたうどんだった。見た目とは違ったあっさりとした味だったが、そこが好まれるのだろう。

それにしても北京や上海で博多烏冬の看板を見ると、何か嬉しくなる。

中国で不思議に思うのはゴボウがないことだ。朝の散歩を兼ねて市場によく行くが、ゴボウを見たことがない。中国で博多烏冬の店に入ったことはないが、博多うどんの代表であるゴボ天うどん（ゴボウの天ぷらをトッピングしたうどん）はどうなっているのだろうか。今度中国に行ったときには博多うどんの店に入り、ゴボ天うどんを注文してみよう。

雲南で餌絲餅という辛みの効いたモチ米の米粉を食べたことがあるが、日本のうどんと同じくらいの太さで、小麦粉ではなかったものの肉うどんと変わらなかった（図28）。

吉林省の長春で食べた鶏絲麺は冷麦のような細麺のかしわうどんだった。烏冬は日式拉麺よりも食べ慣れた味だから親しみをもたれ、これから普及していくだろう。

図28 雲南の餌絲餅（雲南省巍山 ⑥1）

1　料理に合わせて麺を選ぶ

2　肉うどん風の牛肉麺

2 麺の作り方

拌麺との出会い

北京に老北京炸醬麺老飯店という店がある。

故宮博物院（紫禁城）の東北角に面する趣ある建物の店に入ったところ、皆さん、うどんのような麺にいろいろな具材を載せ、出汁をかけて食べておられた。気になったが、店名の炸醬面を頼んだ。日本や韓国で食べられるジャージャー麺とかジャジャン麺とかいわれる、麺に味噌仕立ての挽肉入り餡をかけ和える麺料理を想像していたのだが、違った。

やや細めのうどんというか冷麦よりやや太めの麺と野菜を主とした具が皿に並べられ運ばれてきた（図29）。麺に具を乗せ、出汁をかけ混ぜて食べたが、日本でも最近よく見かけるようになったブッカケのようだった。味もうどんそのもので、讃岐うどんの固さがある。

図29 老北京炸醤麺老飯店の炸醤麺（北京 ⑯）

食べながらこれは炸醤麺とはいうものの噂に聞く混ぜ麺の拌麺だろうと思った。「拌」は麺と具材・調味料を掻き混ぜるという意味だからだ。

北京の人はあまり拌麺を食べないらしいが繁盛していて、新しい味と食感を楽しんだ。新疆で毎日のように食べた拌麺にくらべると、具が少なく、炸醤というブッカケ用の醤油ダレもあまり美味しくない。炸醤麺と拌麺は別の食べ物だが、老飯店の炸醤麺を食べていると、新疆地方の名物料理が北京に進出し、洗練を誤解して本来を忘れた、そんな味だった。

北京のほかの店では見なかったが、二〇一一年夏にグルハンテンギュト（古爾班通古特）沙漠の広がるジュンガル（准噶爾）盆地一帯の北疆（新疆ウイグル自治区北半）を周回する旅をしたときには、毎食のように拌麺が食卓に出てきた。

同行の王孝廉西南学院大学教授らとはウルムチ（烏魯木

図30 唐辛子の効いた臊子麺（甘粛省敦煌 ⑲）

1 臊子麺

2 組み合わせの羊肉串（シシカバブ）

斉）で落ち合ったが、その前に、永く憧れていた甘粛省の敦煌を訪ねた。莫高窟の壁画に酔い、漢代長城の西端、漢代の玉門関や陽関の狼煙台（陽関烽燧）に感激した。あまりの猛暑に真っ暗闇の早朝にラクダに乗って登って見た鳴沙山の日の出、そして熱砂が生んだ沙漠に浮かぶ蜃気楼など、思い出深い。

敦煌の夕食は臊子麺と羊肉の串焼きシシカバブだった。臊子麺とは何だろうかと思ったが、みじん切りにした牛肉（臊子）や豆腐・人参・胡瓜・香菜などをうどんにかけた唐辛子の効いた拌麺だった（図30）。

ウルムチでは干拌牛肉麺というキシメン風の麺を食べたが、これも拌麺だ。北疆の各地で拌麺をよく食べたが、その多くは、注文すると麺を打つ、まさに手打ち麺だった。

拌麺の作り方

日本語の系統としてウラルアルタイ語族というのがあるが、そこに名を残すアルタイ（阿勒泰）からカザフスタンとの国境に近いグルハンテンギュト（古爾班通古特）沙漠の西端でカザフスタンとの国境に近いボーラー（博楽）を目指す途中、沙漠のなかの小さなオアシス托里県托里鎮の馬氏飯館で昼食を取った。

拌麺に飽きていたが、この店には山西系の刀削麺があった。そこで刀削麺を注文したところ、若い店主が枕くらいの大きさに練り上げた小麦粉の塊から勢いよく形の定まらない薄片を煮えたぎる鍋に弾き入れた（図31）。

出来上がった刀削麺は、辣油の赤さを除くと、練った小麦粉を帯状に延ばした団子と人参・里芋・牛蒡などの野菜を煮込んだ、味噌仕立ての大分の団子汁を思わせる。団子汁は古くは「ほうちょう」といっていたらしく、「ほうとう」を連想させる。

ほうとうは中国の団子汁などの小麦粉の練りものをいう餺飥に由来する。餺飥の読みの「はくたく」が「ほうとう」に訛化したのだろう。山梨の「ほうとう」も餺飥と書く。

ほうとう系の団子汁は大分・山梨ばかりでなく高知・岐阜・長野・埼玉・群馬などにもある。刀削麺も仲間なのかな、そんなことを考えながら辛めの麺を楽しんだ。

その横で奥さんが円形の座布団状の白い塊を取り出していた。小麦粉を練り合わせ寝かせたものだった。

この座布団を庖丁で渦巻き状に切り分ける。塊はやがて幅三センチくらいの帯状になったが、それを丸めて円棒状にし、蚊取り線香のようにまとめて大きな平鍋に入れ

図31 刀削麺の作り方とできあがった麺
（新疆ウイグル自治区托里 ㉕）

1　枕のような麺生地の塊から専用の庖丁で鍋に麺を削り入れる

2　出来上がった団子汁のような刀削麺

ふたたび寝かせている。

拌麺を注文したらその一部を切り分け、指で摘みながら細くしていき、不揃いな大きさの細麺にしていた。刀削麺を作り終えた主人がそれを一〇本ほどにまとめて両手で引っ張る。一回引いて折り返すと倍の長さの細麺になる。これを六回繰り返すと、冷麦の太さの麺ができた。

同じ光景は近くの蘆草溝でも見た（図32）。

それを熱湯に投げ込み、茹でて麺は完成する。この麺作り法は日本でもうどんや素麺にある。その技法を再現しながらいとも簡単に仕上げていた。

別に用意された具材を打ちたての麺に載せ、出汁をかけてかきまぜた拌麺は格別の味だった（図33）。

図32 手延べ麺の製作工程

1〜3　新疆ウイグル自治区托里県蘆草溝（㉕）

4～6　新疆ウイグル自治区托里（㉕）

図33 拌麺の食卓（新疆ウイグル自治区托里 ㉕）

各自に配られた麺に中央にある具材を好みで選び，かけて混ぜる

3 麺への憧れ

麺への憧れが生んだ米粉

二〇一六年に香港を訪れたときのことだ。小腹がすいたので街角の店に入り、麺を注文しようとしたがメニューにない。

米作地帯の中国南部では麦は育たない。だから麺がないのだ。

メニューを見直すと、一品だけ、「出前一丁」があった。面白いので注文したら、日本の即席ラーメン（方便麺）の出前一丁が袋にある作り方の通りに作られ、大きなフランクフルト二本と目玉焼きがトッピングされていた。

このように中国の南部や西南地方には麺が普及していない。

「北麺南飯」という言葉がある。米食に憧れながら、米作りに適応しない環境にあったかつての北部中国の人びとは、小麦粉から麺を開発した。ところが麺食民が憧れた南部中国の米食民であるにもかかわらず、米食民は政治・文化を首導する麺食民に憧れた。

米が十分生産できないから麦を育て麺に加工する、米食しない（できない）その食生活にも華やかさを感じ麺に憧れた。そこで米を粉にして麺状の細長い食品を考えた。それがビーフン（米粉）である。

過橋米線を味わう

雲南省の名物過橋米線はぜひお薦めしたい味だ（図34）。

米粉の仲間だが、私たちの知っているビーフンが素麺のような細さであるのに対し、米線は冷麦大になる。何度も食べたが、最初は雲南省西双版納傣族自治州の景洪だった。

当時、景洪は入境することすら困難で、思茅の街から陸路尾根を縫うように車で向かった。途中、焼畑に植えられた赤米や黒紫米の畑が山の斜面を黄色に色づける景色に感動しながら、景洪に着いた。

その翌朝。宿泊した版納賓館で朝食に行くと、牛乳というよりも強度の白色甘味料となったミルク（甜牛奶）と饅頭、それに茹でられたうどんがあった。

図34 熱々の過橋米線（雲南省昆明 ㊸）

1 熱々のスープと具材

2 麺に好みの具を載せ，スープをかけて具が煮えると食べる

そのうちに熱々のスープが出てきた。鶏ガラを煮出し白濁したスープはそれだけでも美味しかった。そこで、うどんにスープをかけ、出発準備のため、同行の方々はこれだけを慌ただしく食べ、出発準備に部屋に戻られた。

当時の中国にはサービスとか連携とかという発想はなかった。

出発の身支度を済ませ朝食に来ていた私はそのまま食卓に座っていたが、そこに小皿に盛り分けられた生の豚肉片、鶏肉、ほうれん草やニラ、ウズラの卵などが運ばれてきた。そこで、うどんではなく米を粉にして練りあげた米線であり、米線に生の具材を載せて熱々のスープをかけ、スープの熱と皮膜で覆われた米線と具材が食べごろになったところで食する、知識だけはもっていた過橋米線であることに気づいた。

スープはやや冷めていたが、それでも椀の熱さと油膜でとじ込まれたスープの熱が生の具材を食べごろにしていく。こうして美味しい過橋米線を食べることができた。

その後、過橋米線はよく食べた。今では糯で作った米線もあり、食べるとモチモチした食感がある。驚いたことに、物流の発達から入手しやすくなった小麦粉で作る過橋麺すらある。

テレビドラマ「大地の子」に、養父陸徳志が冤罪の息子陸一心を心配して北京に行く場面がある。その肩に土産を担いでいるが、半透明のキシメンを延ばしたような棒状のものがあったが、何であるかわからなかった。

これを土産にいただくことがあった。米の粉を幅一センチほどのキシメン状に延ばし、一メートルほどで折りたたんだ長く幅広の米粉の仲間だった。

河粉というが、乾燥した御飯粒や乾いた餅が硬いように、とにかく硬い。食べるときには、一〇時間ほど水に浸しておく。それでも軟らかくはならないが、適当な長さに切って焼きそばのようにしたところ、美味しく食べることができた。

米粉にも、日本でも食べているいわゆるビーフン、雲南省名物の米線、キシメン状米粉（河粉）などさまざまな太さ、味があるから、楽しみながら試されるとよかろう。

日本と同じ蕎麦の味

内蒙古自治区の通遼に行ったときだった。

蒸した羊肉、干し牛肉、そして馬乳酒ばかりの食事に飽きていたところ、肉蕎麦が出てきた。日本の味とそんなに変わらない。もっと美味しい肉蕎麦が通遼飯店の朝食に出るというので食べに行ったが噂どおりだった。

科爾沁左翼宏旗の中心、甘旗卡の宏旗賓館で食べた肉蕎麦も、味・食感ともに日本の蕎麦に似ていた。

　河北省承徳は内蒙古自治区に近いだけあってモンゴル族が多い。そのせいかここにもソバがあった。手擀麵を看板にしている店があった。擀は延ばすという意味だから、その場で引っ張って延ばす手打ち麵のことだろうと思い、ここで朝食をとった。ソバがあったので食べた。ソバ粉の生地を皮にした餃子もあった。

　昼食を食べた多味麵条館という麵専門店ではソバ打ちをしていた（図35）。日本と同じように麵棒でソバ生地の塊を風呂敷よりも大きいくらいに薄く延ばしていく。その切り分けをどうするのか興味をもって見ていたが、両側に把手の付いた包丁でリズミカルに刻んで同じ太さに切り分けた。

「日本のソバと味が変わらない」と言ったら、「日本に輸出しています」と言っていた。

　ソバの一種である韃靼ソバは苦味が強いので苦ソバといわれている。雲南省巍山の品香苑で、苦ソバから作るという蕎麦菓子を食べたことがある。門外不出の技術で苦味を感じさせないようにしたと自慢していたが、湿った落雁のような食感で、甘く美味しかった。

図35 ソバとソバ餃子
（河北省承徳 ⑮）

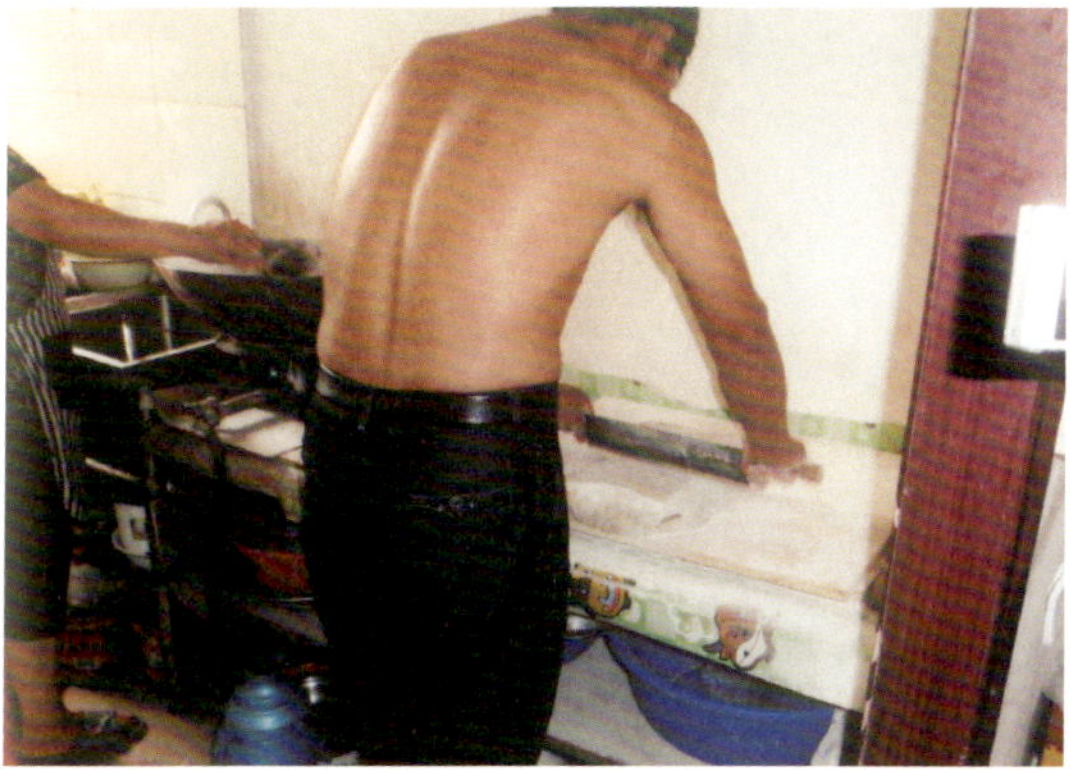

1 ソバ打ちの光景

2 できあがった野菜蕎麦

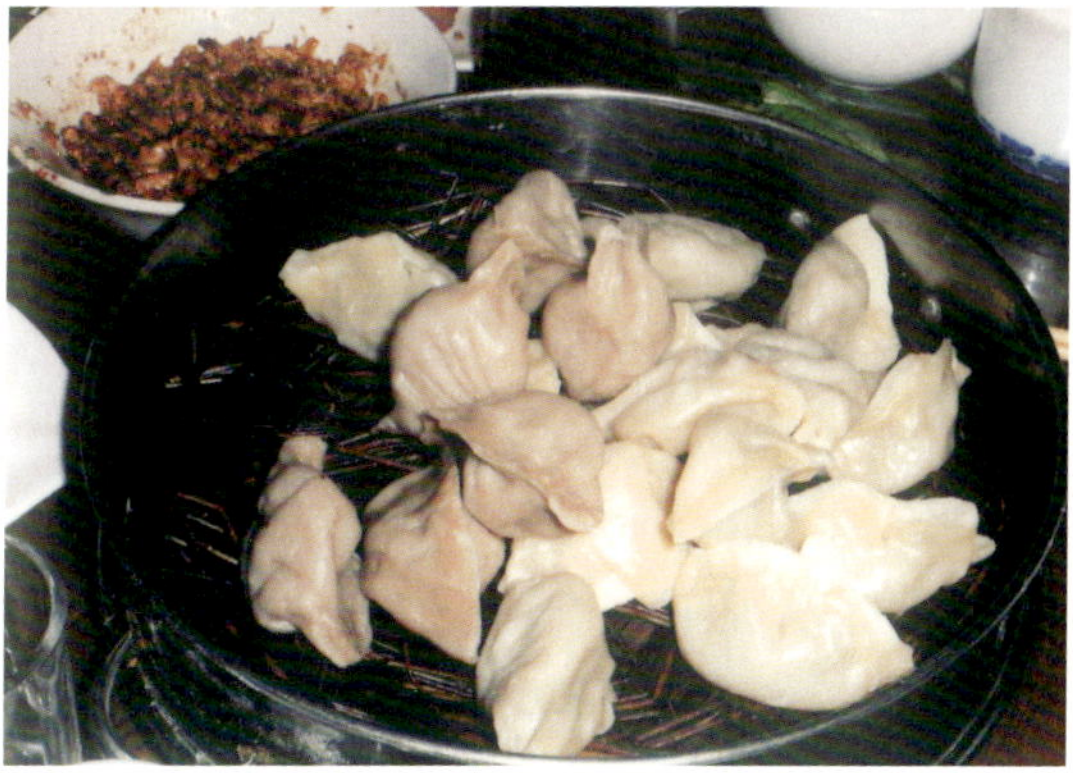

3 左半分がソバ餃子

4 好まれる焼餅

瀋陽の餡餅

中国の餅では月餅が著名だが、主食にもなる「ビン（餅）」とよばれる食べ物がある。北京ダック（烤鴨）を食べた経験のある方は多いだろう。アヒルの皮と味噌ダレを包む小麦粉を練って焼いたクレープ状の薄い皮を薄餅という。

もっと大きなものではホットケーキのような焼餅がある。日本のお好み焼き、韓国のチジミのような焼き物だ。東北中国の名物だから、誤解を恐れずに言えば、それが南下して韓国のチジミ、日本のお好み焼きを生んだのかもしれない。

遼寧省綏中県で発掘調査されている秦の始皇帝の行宮《あんぐう》の一つ碣石宮跡の姜女石遺跡を見学し、次に瀋陽に向かった。思いがけないことに瀋陽駅に遼寧省文物考古研究所の張克挙副所長が出迎えに来られていた。

案内されて研究所に向かったが、近くまで来ると、北方餡餅城という店で昼食をとった。餡餅は丸い形をした東北名物の焼餅で、豚肉と白菜を餃子の餡のようにした回転焼風のものや、ニラやピーマン（柿子椒）などの野菜を混ぜたピンデトク風のお好み焼き的餡餅があった。唐辛子やニンニクのタレにつけてもよい。

美味しかったので三種四枚食べたが、誰でも一〇枚は食べると笑われた。

上海のシャオビン（焼餅）も美味しい。朝食の屋台でよく見かけるが、小麦粉を練った生地を鉄板の上にピザのように広げ、ネギのみ、あるいは豚肉やネギを散らして焼きあげる。素朴なピザを思わせるものや、焼きサンドイッチのような肉を挟んだ焼餅夾肉など、思っている以上に美味しい。

直径が四〇センチを超えるような大餅もあり、切り売りしてくれる。大餅にはニラ入りのものや砂糖入りのもの、燻製の肉とネギを入れた燻肉大餅などがある。多くはあまり味がないので、ワンタンや稀飯にひたして食べるとよい。

北京や雲南省昆明でも食べてみた（図36）が、ニラ入りが多いようだった。河北省承徳の焼餅にはシカ肉入りのものがあった。

図36 お好み焼きのような焼餅（雲南省昆明 ⑮）

図37 麺包を売る光景（新疆ウイグル自治区伊寧 ㉗）

新疆の焼餅

前に朝食の光景を書いたが、新疆ウイグル自治区ではまったく変わる。油条や包子などに替わって焼餅が主役になる。

焼餅も東北や上海などと異なり、インド料理に出てくるナンのようなものもある。作り方もナンと同じで、燃えあがる竈の内側に貼り付け、焼く。菜盒子というナンがあったので食べてみたら、肉餡とニラが入っていた。

朝、人びとは露天の屋台やナン屋さんで五枚とか一〇枚とか数多く焼餅を買い、ビニール袋に入れて持ち歩いている。日中でも、街中で焼餅や麺包（パン）を売り歩く光景が見られる（図37）。私たちも買い、ビニール袋に入れて持ち歩き、少し小腹がすくと摘んだが、便利だった。

Ⅲ

羊頭と狗肉

1 沙虫と狗（犬）

三明治・漢堡・熱狗って何のこと

中国の、少し大きな街には、洋風のファストフード店がある。その看板に「熱狗」と書かれていることが多い。さて、熱狗とは何でしょう。

同僚の英文学の藤本滋之教授と吉林大学を訪ねた際に、中国は初めてという彼にこれは何かと聞いてみたが、わからなかった。熱は「熱い」の熱で、熱いこと。狗は犬。だから、熱狗は熱い犬で、英語に直せばHotdogだと言うと、感心していた。

ついでながら、ホットドッグは同じ意味の漢字に直しているが、三明治と漢堡は似た漢字の音を借りている。三明治《サンミンジー》はサンドイッチ、漢堡《ハンパオ》はハンバーグで、鶏肉漢堡といえば鶏肉をはさんだチキンハンバーグになる。漢堡包ともいう。

熱狗・三明治・漢堡は、これもどこにでもあるケンタッキー（肯徳基）やマクドナルド（麦当旁）などのファストフード店（快餐庁）やコンビニ（便利店）にあり、おにぎり類とともによく食べられている。

北京首都空港の喫茶店（咖啡庁）で三明治とコーヒーを注文したところ、「三明治はホットか」と聞かれた。ホットのサンドイッチとはどんなものかと思いホットを頼むと、ホットドッグが運ばれてきた。三明治・漢堡・熱狗の違いはあまり知られていないのかもしれない。

熱狗をはじめ、中国では何でも好んで食べた。しかし、熱狗はともかく、犬は食べたくなかった。なにせ、愛犬が私の帰りを家で待っているのだから。

初めて食べた犬肉の味

広西壮族自治区に北海市という南中国にそぐわない名前の街があり、ここに合浦漢墓とよばれる南北一八キロ、東西約五キロに、おそらく一二〇〇基はあろうという大漢墓群がある。副葬されたガラス製品に逸品が多いことで知られている。

見学の途中で昼食を新華大酒楼でとった。食卓のターンテーブルが壊れていて、多くの料理に手が届かない（図38）。仕方なく、目の前にある肉料理に手を伸ばした。脂味の薄い、痩せた豚のようだった。脂身が少ない分食べやすく、これを中心に昼食を

図38 犬肉と沙虫の洗礼（広西壮族自治区合浦 ㊳）

手前右が犬肉，左が沙虫の料理

すませた。

昼食を終え、ふたたび漢墓の見学に出かけた。合浦漢墓は建設中の漢墓博物館と周囲の歴史公園内だけでも一二〇基あり、いくつか発掘調査されていた。塼《せん》積みの漢墓を外から掘っている例もあった。

これらを見ていると、盛んに汗が出てくる。この日は一二月二七日。如何に南方とはいえ、そんなに暑くなかった。しかし、私は汗まみれ。午前中は汗をかかなかったのにどうしたのだろうと思っていると、案内していただいた黄啓善広西壮族自治区博物館副館長が笑いながら「先生、あんなにたくさん犬肉を食べると、汗も出ますよ」とおっしゃる。

痩せた豚ではなく、犬だったのだ。犬の肉は身体を温めるために冬に食べるというが、それを実感した。

初めての犬の味は、正直、美味しかった。

犬を売る光景

一九九〇年ごろ、浙江省によく出かけた。郊外の農村地帯に行くと、一五匹前後の犬を連れた人と出会うことがたびたびあった。

あるとき、木陰で憩う犬を連れた人をよく見ると肉と毛皮を売っていた。すぐに売れたが、彼は連れている犬の一匹を細い棍棒で殴り殺して手際良く解体し、肉と皮を新たな商品として売りはじめた。

当時は冷蔵庫が普及していなかった。「肉は売れ残ると腐るから、その都度一匹ずつ殺して売る」と言っていた。「犬は生かしておくと売れ残っても自分で歩くから運ぶのに便利」とも言っていた。どの犬も自分の運命を察知しておとなしく順を待っているのが哀れだった。

貴州省の盤江の街はいささか異様だった。中国でも犬食で知られるこの街は、狗肉屋さんが軒を連ねている。どの店にも蒸された犬が無毛のスヌーピーを思わせる姿で座り、あるいは寝転んでいるような姿でショーケースを飾っている。その異様な光景に震えた。

東北部や南部の中国で犬を食べることは知っていたが、浙江省や貴州省でも食べている。これはと用心していたのだが、合浦でついに食べてしまった。その味を舌が覚えてしまった。

追い打ちをかけたのは遼寧省大連市で西南学院大学の韓景旭先生から夕食に誘われたときだった。行った店の名前が延辺狗肉大王。どう見ても犬肉の店。「犬肉ばかりではありませんから」という韓先生の言葉を疑いつつ店に入ったら、案の定全て犬料理。しぶしぶハムのように加工された料理を食べたが、嫌いな味ではなかった。

これ以来、好んでではないが、犬を食べるようになった。

2 羊肉と羊頭

羊頭狗肉

店の看板に羊の頭を掲げながら、実際には狗（犬）の肉を売るインチキがあったらしく、このような見かけ倒しで実質をともなわない様を、羊頭狗肉という。

狗肉を食べることとは、合浦以来、いつの間にか慣れてしまった。日本でもシャブシャブやジンギスカンでよく食べるから羊肉にも慣れている。しかし羊頭を食べることとは無かった。

好太王碑を見ようと吉林省集安に行った。宿舎の近くに、市街を取り囲むように残る国内城の城壁がある。朝、城壁に沿って散策していたところ、城壁の石塁を奥壁にした飲食店が並んでいて、羊肉と狗肉（犬肉）の看板が交互に続いていた。羊頭狗肉の言葉が頭をよぎった。狗肉を食べたいとは思わないが、羊肉は日本でも食べ慣れている。

東来順飯荘のシャブシャブ

代表的な羊肉料理にシャブシャブがある（図39）。

シャブシャブは涮羊肉という。七輪に架けた鍋と、スライスされた羊肉や白菜・香菜・春菊・椎茸・エノキ・昆布・豆腐・湯葉などの豊富な食材が用意される。鍋にはふつう麻辣味の激辛の赤い色をしたスープと、あっさりした味の白いスープに分けて用意されていて、二種の味が楽しめる。

鍋が煮立ってくると羊肉片をスープにくぐらせ、合わせて白菜などの食材をシャブシャブして食べる。羊肉であることを除けば、日本のシャブシャブと変わらない。

涮羊肉は北京の東来順飯荘が名店として知られている。その王府井店に妻と二人で行ったときのことだった。一階が地元の人、二階は外国人の席と言われたが、二人なので一階に座った。

メニューを見ながら、羊肉と小皿に分けられた白菜・春菊・椎茸・豆腐・春雨を無事注文してホッとしていると、店員が不思議そうな顔をして離れない。何事かと聞いてみると、鍋や七輪、スープは要らないのかと聞く。この店では、シャブシャブする

図39　よく食べられている涮羊肉

1　吉林省長春（⑥）

2　河北省承徳（⑮）

ための鍋などの器材も注文しなければならなかったのだ。

シャブシャブは羊肉で食べるが、今は豚肉や牛肉もある。黒龍江省哈爾濱市の順烽肥牛火鍋という店で食べたシャブシャブは今でも一番美味しかったと思うが、羊肉ではなく牛肉と豚肉だった。

同じように肥牛や肥牛火鍋、肥牛火鍋城などの名前の火鍋店が増えてきたが、これらは牛肉料理屋で、ステーキはもちろん牛肉のシャブシャブがある。豚肉のシャブシャブもある。牛肉や豚肉の味は羊肉に勝る。だから涮羊肉の将来は厳しいが、まずは羊肉で、食べ進むうちに牛肉や豚肉、あるいはその逆に味を変えて食を楽しむ人も多い。

日本では羊肉はシャブシャブとともにジンギスカン鍋で食べられることが多い。ジンギスカンは上海で食べた。日本では溝を刻んだかぶとのような形の鍋や鉄板でタレに漬けた羊の薄肉と野菜を焼いて食べる。上海のジンギスカン鍋もかぶと形鍋風だったが、内容は韓国のプルコギ風だった。街中で看板を見かけなかったし、食べた店が日本人向け土産屋の傍だったから、日本人向けサービス料理だったのかもしれない。

図40 羊肉串と干豆腐（河南省南陽 ㉜）

屋台の羊肉串

羊肉は羊肉串でもよく食べられている。羊肉串は日本ではシシカバブとして知られている。

北京や上海などの都会をはじめ、人出の多い街角に羊肉串を売る屋台が見られる。どこもウイグル人らしき人が焼いているように、新疆の味だ。

河南省南陽市は画像石など漢代の彫刻画（漢画）の街だが、ここを訪れたときに、宿舎の南陽賓館の近くにあった佳家羊肉館でシシカバブを食べた。清真（イスラム料理）のこの店では日本の焼鳥二本分くらいを一串にしていたが、一種類のみしかなかった。その羊肉の串を三人で八〇本食べても飽きなかった（図40）。

あわせて食べた麺も美味しかった。臊子毛工麺・

図41 羊肉串を焼く屋台

1 雲南省石林（66）。店主の手付きも品揃えも日本の焼鳥屋台を思わせる

2・3 新疆ウイグル自治区阿勒泰（㉑）

咖喱牛肉麺・沙拉条などがメニューにあった。このときは臊子毛工麺が何であるか知らなかったが、甘粛省敦煌で食べた臊子麺はみじん切りされた肉を載せた拌麺だったので、これも拌麺だったのだろう。咖喱牛肉麺がソース焼きそばのようだったのでこれを頼んだが、小椀一つで三人前以上の量があった。

新疆などでは、日本の焼鳥屋のように、羊肉串の店があり、露天の屋台も多かった。品揃えも豊富で、さまざまの串があった（図41）。トウモロコシや串に刺した野菜を焼いてくれる店もある。串には日本の焼鳥の二倍くらいの長さの肉が刺されていて、ボリュームがある。

屋台で好みの串を焼いてもらいながら飲む。焼いている人も、好みの串を焼いてもらう客の姿も、まさに焼鳥屋の雰囲気がある。

羊の解体

涮羊肉（シャブシャブ）や羊肉串（シシカバブ）で羊肉に慣れたころ、北疆を阿勒泰からフルチュン（布爾津）まで進み、郊外の観光地カナス（喀納斯）で遊んだ。

夕食に羊肉を食べようとしたら、カザフ族のキーズクイ（包）に案内された。

しばらく休んでいると包の背後で羊の解体が始まった。喉を切って即死させた羊の後肢の片方の膝の近くを切り裂いて、そこから息を吹き込む。こうすると羊は風船のようにふくらみ、肉から皮を剝がすのが容易になる（図42）。洗面器のような器に溜めた血にいたるまで無駄にしない。この取れたての羊肉をジャガイモなどと炊き合わせた骨付き羊肉の手把肉にして、バター茶やナン、揚げパンなどとともに食べた。

鎮座する羊頭

シャブシャブやカザフ族の羊肉料理は、羊肉を牛肉や豚肉に替えれば日本で食べる肉料理とそう変わらない。

内蒙古民族大学に招待されて内蒙古自治区通遼市に行ったときだった。二時ごろに着くとまず昼食に案内された。すると食卓に馬乳酒とビーフジャーキーそっくりの干牛肉、そして茹でられた羊頭が鎮座していた。「羊頭を食べるは初めて」と言うと、「ナイフで適当な大きさを切り取り、箸で食べなさい」と言われる。切ろうとすると羊の頭が揺れるので、箸で頭を押さえながらナイフで切り取るとうまくできた。しばらく食べていると頭は持ち去られた。次の料理がくるのかなと思っていたら、

図42 解体される羊とその料理（新疆ウイグル自治区喀納斯 ㉒）

1　解体される羊

2　羊肉のジャガイモ・人参煮込みの手把肉

図43 箸とナイフを鞘に収めた刀箸（チベット族の例）

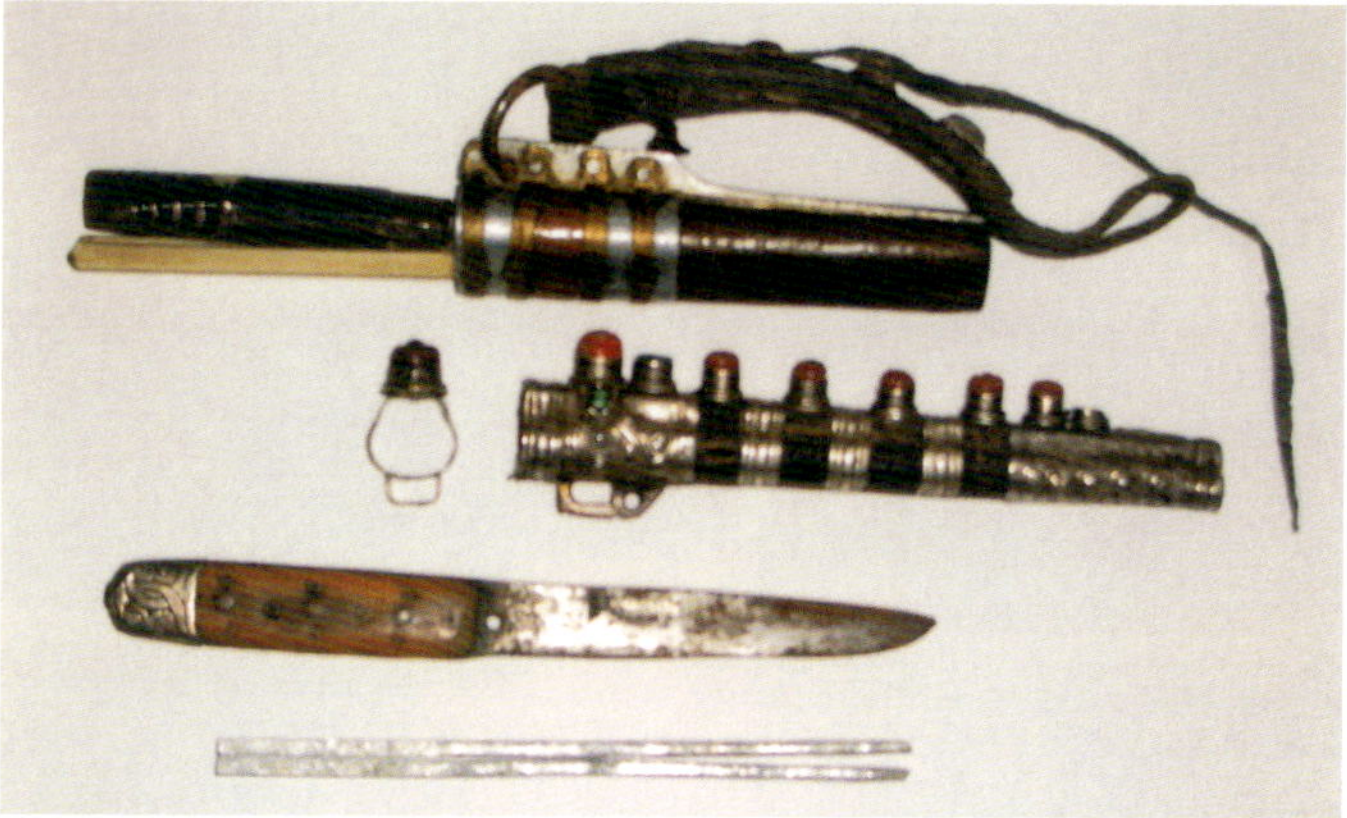

熱々に茹で直された羊頭が再登場。

水稲耕作のできない沙漠地帯には御飯がなく、代わりに、大麦を炒って焦がし粉にしたハッタイ（糗）粉を食べる。麦焦がしともいわれるハッタイ粉は子供のころによく食べたが、同じように椀に盛られた粉を湯やバター茶で緩めて練って団子にして口に運ぶ。これを繰り返しながら単調な食事が続いた。

当時、刀箸に関心をもっていた。刀箸は蒙古刀や蒙古刀箸ともいわれ、東北の満州（満）族やオロチョン（鄂倫春）族・エヴェンキ（鄂温克）族などから西のモンゴル（蒙古）族、さらにチベット（蔵）族などが使用している（図43）。その分布からみて、寒冷地帯および米作地帯と小麦地帯を横断する沙漠地帯の、つまり非稲作民族の道具といえる。箸とナイフ（刀）を一つの鞘に収めていて、かつてはいつも刀箸を腰に下げていた。

沙漠で羊を屠るときにナイフを用い、食べるときに箸を使う。今では食卓に箸とナイフ（餐刀）が用意されるから携帯されなくなっている。

刀箸の使い方などを話題にしながら昼食を進めていると、お疲れでしょうからお休みくださいと勧められ、しばらく仮眠した。ほどなくして夕食に案内された。先ほどの部屋に、先ほど食べた羊頭が熱々に茹で直されて鎮座していた。ほかには馬乳酒と干牛肉で、昼食と何も変わらない。単調さが加速した。

中国北方游牧民族揺籃学術研討会に誘われて行った内蒙古自治区ホロンバイル（呼倫貝爾）のハイラル（海拉爾）でも羊頭を食べた。私の前にだけ親指ほどの白いものが入った小皿が置かれていた。羊の尻尾に詰まっているラードで、食事の開始に先立ち、その場の年長者や偉い人が食べる特別のもので、これを食べ終わったときに食事が始まるという。

「今日は貴方だ」と言われ食べたが、ラードそのものだから美味しいものではない。しかも食べ終わった後に、口をつけるだけで、「皆さんどうぞ」と言えばよいと言われたが、先に言ってほしかった。

ハイラルのモンゴル族はハイラルこそがモンゴル民族の原郷と誇っているだけにさすがに洗練されていて、骨付きの羊肉（手把肉）や人参・トウモロコシなどの入った野菜スープがあったのはありがたかった（図44）。羊から抜き取って溜めていた血を腸

図44 羊頭が主役の食卓（内蒙古自治区海拉爾③）

の管に入れて固めたソーセージ状の腸詰が出てきたことを除けば。

血を固めた腸詰は韓国の済州島で食べたことがある。腸管にモチ米と血、それに野菜や春雨を入れ蒸したスンデは美味しい。

そこで箸で押さえナイフを入れた。するとベットリした血が流れてきた。ここでは血だけを腸詰にしていたのだ。固まらないことは滅多になく、それに当たった人は幸運だと言われたが、血だらけの皿を前にして不幸でしかなかった。

吉林省徳恵出身の回族の大学院生がいた。「私の故郷に来てください」と招かれ、祖父母が住まわれている徳恵に行った。祖父母のお宅は塀で囲まれ、立派な門があり、門の外側に一頭の羊が繋がれている。

お宅でしばらく談笑していると食事になった。食卓の中央に蒸された羊頭が鎮座している光景は通遼や海拉爾と変わらないが、料理の種類が豊かでにぎやかな食卓だった。満腹になり中座して門の外に出ると羊が居ない。「羊が居ませんね」と言うと、「先生の前に居ますよ」。改めて鎮座して見つめる羊と対面した。

隣家は漢族。回族の食べない豚を飼っているのが皮肉だった。

食卓に馬乳酒とともにバター茶やバター入りミルクティー（酥油奶茶）が出てくることもある。羊頭肉とバター茶の相性はよいし、食事以外でも乾燥した砂漠地帯ではよく飲む。これは美味しいと思ったら、インスタントのバター茶を売っていた。

これをたくさん購って皆さんへのお土産にしたが、不評だった。変だなと思い飲んでみたが、お茶代わりにも食事にも合わなかった。

羊頭狗肉を食べてしまったが、好んで食べたいとは思わない。

朝鮮焼肉とモツ煮込み

中国では牛肉・豚肉・羊肉・鶏肉をよく食べたが、日本のような焼肉を食べることはなかった。唯一、好太王碑を訪ねた吉林省集安市の三千里という店でホルモン焼き

図45 朝鮮焼肉のホルモン焼き（吉林省集安⑧）

を食べる機会があった（図45）。

朝鮮焼肉といっていたが、炭が真っ赤に焼けた七輪で焼く肉とホルモンは何ともいえない香りと味だった。

吉林省伊通市の伊通賓館で食べた満族料理に鯉のあらいがあったが、鯉のあらいは集安にもあった。これらはこの地に多い朝鮮族の料理だけれども、珍味だった。

湖南省長沙市の湖南省博物館で、二〇〇〇年以上の時を経ても腐朽しなかったことで知られる馬王堆一号漢墓から検出された軑侯夫人の屍体を見学した。零下一〇度で管理された特別室に安置されていたが、周囲に解剖された内臓の標本が展示されていた。見学後すぐに昼食になったが、細切りされた水牛の胃袋があった。不謹慎なことだが、夫人の内臓を思い出し、食が進まなかった。食後に街を散策している

図46 豚レバ炒めだった醤爆猪肝（上海 ㊱）

と、モツ焼きの店があった。

朝鮮焼肉からモツ焼きを連想したが、モツ焼きは長沙でしか気づかなかった。モツ煮込みならよく食べられていて、実際福建省泉州市で醤油煮込みのモツを食べた。四川料理に毛肚火鍋というセンマイ（毛肚）を煮込んだモツ鍋があり、上海にも黒椒金銭肚というモツ煮込みがあった。「肚」が付く醤油モツ煮込みには種類がある。上海で食べた醤爆猪肝は豚のレバと玉ネギ・ピーマンを醤油で炒めた豚レバ炒めだった（図46）。このように肚が付かないモツ料理もある。

天手古舞という日本の料理屋が博多モツ鍋の店を開いていているが、モツをよく食べる上海の環境を見越しての出店だろう。このモツ煮込みは朝鮮料理の系統ではないと思われる。

Ⅳ

龍も虎も食べました

1 蛇から猫まで

田鰻と田鶏・甲魚

最近見かけなくなったが、一九九〇年前後の上海の食卓には醤油で煮付けた田鰻（鱔）と熱湯で茹でた川海老あるいはカラリと油で揚げた川海老（油爆河蝦）があった。海の海老と異なって、川海老には背ワタがなく、雑味がないからいくらでも食べられる。

田鰻はドジョウ（泥鰌）と鰻の中間くらいの大きさの魚で、ドジョウでもなく鰻でもないが、見た目は大柄なドジョウを思わせる（図47−1）。ウナギ目タウナギ科の魚で、細長い体を粘液で覆っていて、日本にも生息しているがあまり食べられない。

かつての上海の食卓には必ずこれが出ていた。市場では盛んに売られているが、旅行者の食卓には出てこなくなった。

上海の老人和飯店の清炒現画鱔絲は、田鰻をネギと生姜とともに醤油煮したもの

図47 田鰻と田鰻料理（上海 ㊱）

1 大きなドジョウ風の田鰻

2 調理された清炒現画鱔絲

3 調理された香辣鱔絲

図48 珍しい田鰻を醤油煮する屋台（上海 ㊱）

（図47－2）で、絶妙な美味しさというわけではないが、かつて食べた懐かしい味だった。

上海の下町を散歩していたら、珍しい田鰻専門の屋台があった。田鰻を醤油煮していたが、鰻の蒲焼を思い出させた（図48）。三〇年前のことで今でもあるのだろうか。

上海の揚州飯店では香辣鱔絲という田鰻料理を食べた。田鰻の唐揚げをネギ・ピーマン・生姜・唐辛子で炒めていて、辛みがあって美味しかった（図47－3）。ほかにも幾種類かの田鰻料理があったが、熱熗虎尾というのがあった。見慣れない「熗」の文字を使っているが、これは田鰻を煮ていったん引き上げ、醤油や酢などで風味づけして二度煮したことをいっている。虎尾が何かわからないが、煮あがった田鰻の姿が虎のシッポに似ているという比喩だろうか。

これもあまり見なくなったが、かつての上海の食卓には「田鶏」と「甲魚」を冠する料理が多かった。家内と参加したツアーの夕食に田鶏が出てきた。皆さん、舌鼓を打ちながら堪能しておられた。

すると、識者風の御老人が「美味いでしょう。田鶏は地鶏のことですが、これだけ肉の軟らかな地鶏はそんなに味わえませんよ」と説明してくれた。皆さん、いっそう楽しんで食べておられたので、だまっていた。

翌日、昨夜の田鶏の美味しさで話題はもちきりだった。軟らかな肉の地鶏。そんな間違った情報が広がるのもよくないと思い、皆さんに真相をお伝えした。「田鶏は地鶏ではありません。地鶏は土鶏といい、田鶏とはいいません。田鶏は食用蛙のことです。昨夜召し上がられたのは食用蛙です」。これを察して黙っていたのだが、昨夜の絶賛にもかかわらず、皆さん複雑な顔で御老人を睨まれていた。

甲魚はスッポン（鼈）を意味する。湖南省では貴魚といっていたから、土地の名称もあるのだろう。スッポンは湖北省武漢の名物で、食べてみた。甲羅ごと食べられるように煮込まれていて、美味しかった。写真撮影禁止の店だったのが残念だった。

上海で田鶏と甲魚を合わせて煮込んだ料理を食べたが、これも美味しかった。日本にくらべると格安なので、甲魚料理を楽しまれるのもよかろう。

蛇を食べる

上海の田鶏は美味しかったが、杭州に向かう列車の中で同行の高島忠平さんが買われた弁当の蛙は不味かった。

駅弁のおかずは五〇本ほどの鶏の手羽先に見えたが、食べてみると頭部を切り落とした土蛙。手羽先に見えるほど痩せた土蛙だから身も少ないが、頭を切り落とした部分に残る内臓が苦く、何とも不味かった。

蛙といえば蛇。広東省広州市の泮渓酒家で夕食を食べたときに、ガイドさんから「コース料理でも十分ですが、広州の名物料理を食べませんか。一五名ですから、一人一〇〇元も出していただければ一五〇〇元。子豚の丸焼きか蛇が食べられます」と誘われた。

食事前に酒家の近くの蛇屋でいかにも猛毒をもっていそうな蛇を見たこともあって、「蛇は結構です」と断ったから、食卓に美味しそうな子豚の丸焼き（片皮乳猪、烤乳猪）が載っていた（図49）。北京ダックのようにパリパリに焼かれた子豚の皮だけを食べる

図49　子豚の丸焼き（片皮乳猪）（広東省広州 ⑫）

図50　猛毒をもつ蛇を扱う蛇屋（広東省広州 ⑫）

のだが、味も食感もよい。
それをたしなんでいると、味の濃厚なスープが出てきた。スープに白い薄片が浮かんでいたが、鶏肉を甘くしたような味がした。「どうでした」と気遣うガイドさんに、「追加の子豚は美味しかったですよ」と言うと、「実は子豚は最初から予定されていました。追加は蛇のスープです、五歩蛇の」と平然と答えた。美味しくて文句どころかお礼を言いたい気分だった。

広東省など中国の南部には猛毒をもつ蛇がいる。嚙みつかれたら五歩歩かないうちに死ぬというのが五歩蛇だが、本当の名前は知らない。思えば洋渓酒家のすぐ近くに蛇屋があり（図50）、五歩蛇もいた。でもこのスープは絶品だった。ガイドさんは毒の強い蛇ほど美味しいと言っていたが、確かに浙江省あたりの毒のありそうもない蛇はあまり美味しくない。しかし美味しくても食べたいとは思わない。

猫までも

広西壮族自治区の合浦で初めて犬を食べた夜、区都の南寧に戻り、夜の広西壮族自治区博物館に着いた。

敷地も建物も広大な博物館で、中庭には巨大な銅鼓形建物や夜はカラオケ会場になる壮族の舞台、屋根付きの三江風雨橋などがあった。私たちの展示見学に供えて職員は皆残業。黄副館長が全部観ると大変な時間がかかるとおっしゃるし、残業されている方々にも気の毒なので、古代銅鼓陳列という自慢の銅鼓コレクション室のみを観せていただいた。

見学を終えると、黄副館長から夕食に行きましょうと誘われた。侗族特有の風雨橋の三江花橋を渡ると、構内に広西民族苑文萃食坊という立派な民族料理屋さんがあり、油茶や蘆笙の演奏、歌垣を再現した対歌による三江侗族の歓迎の接待を受けた。

最初に侗族の油茶がふるまわれた。油で揚げたモチ米のお焦げや生姜・ネギなどの薬味を椀に盛り、湯を注いだ茶で、三杯飲むという。三杯飲み終わったら椀に箸を載せ、もう満足しましたという意思を示さないといつまでも続くというから、箸を置いた。

次に奄美や沖縄で見る、餅を月桃《サンニン》などの葉で包んだ「むーちー」とよく似た壮族餅糍粑が出てきた。さらに、鶏肉を笹の葉で包み蒸した瑤族竹板鶏、侗族酸水全魚、京族緑葉荷包、羊肉を鍋にした仏佬族扣地羊、蛇と鶏肉のスープ漢族龍鳳湯、魚肉を油に通した壮族蝴蝶過河、豚肉を竹串に刺して焼いた焼鳥状の侗族竹串肉、壮族鴛鴦魚合、くわいに車海老を通した京族龍蝦穿石、皿の上で魚がミニトマトの珠に群れる様子をあらわした群魚戲珠などが次々に出てくる（図51）。

苗族五彩絲は細切りにした五色の野菜で御飯を飾る散らし寿司のようなものだった。あまり多くの広西の少数民族料理を味わったので、食べた料理の内容をよく覚えていないが、ことに侗族酸水全魚は印象的だった。焼いた魚の皮をていねいに外し、身と骨を擦りつぶして蒲鉾のようにまとめ魚の形に戻し、剝がしていた皮を元のように貼ったもので、焼き魚と思い箸をつけたところ、身が骨無しの蒲鉾だったのには驚い

図51 広西少数民族料理の数々

(広西壮族自治区南寧 ㊼)

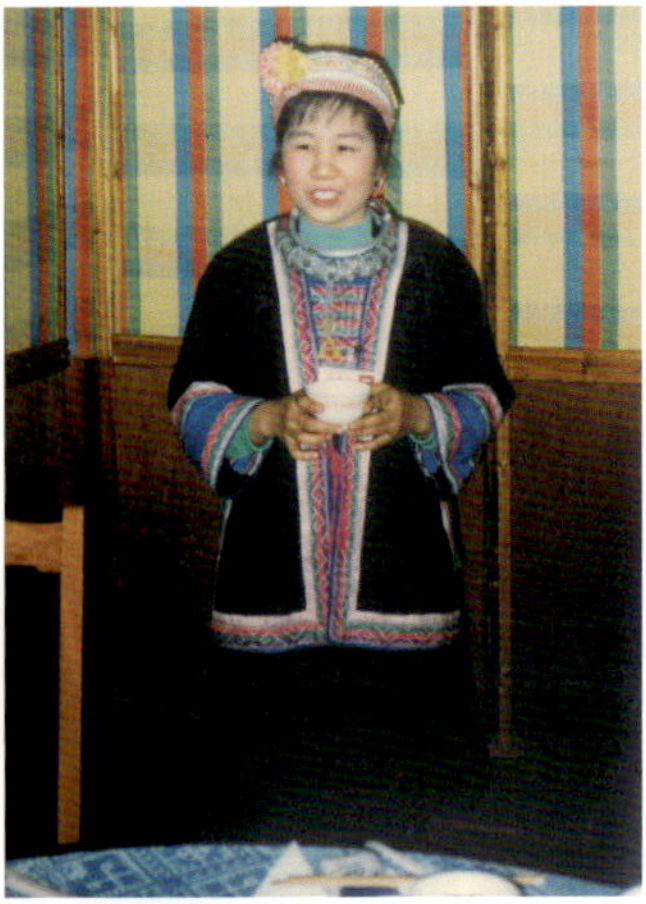

1 侗族の油茶

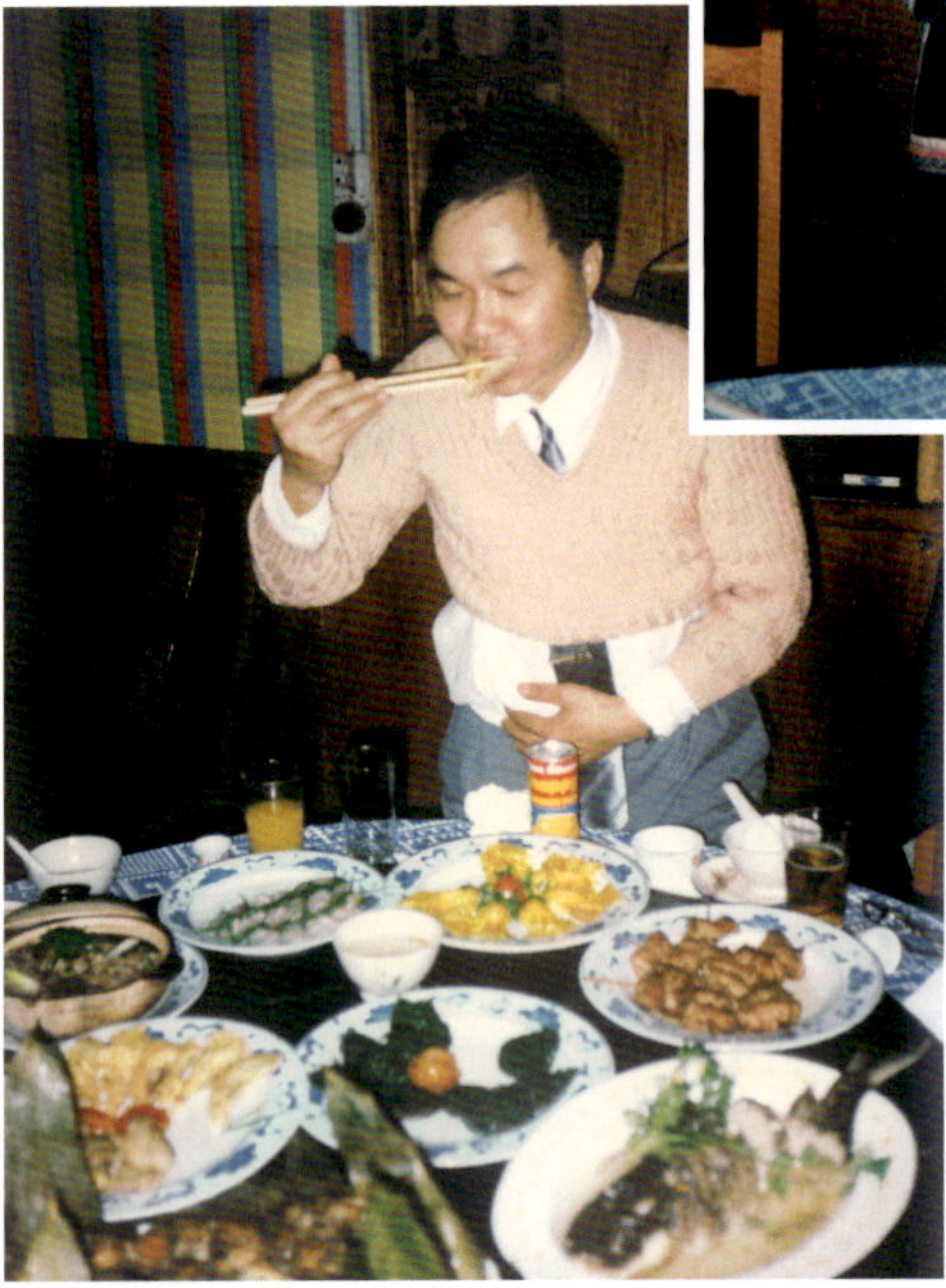

2 広西少数民族料理の食卓

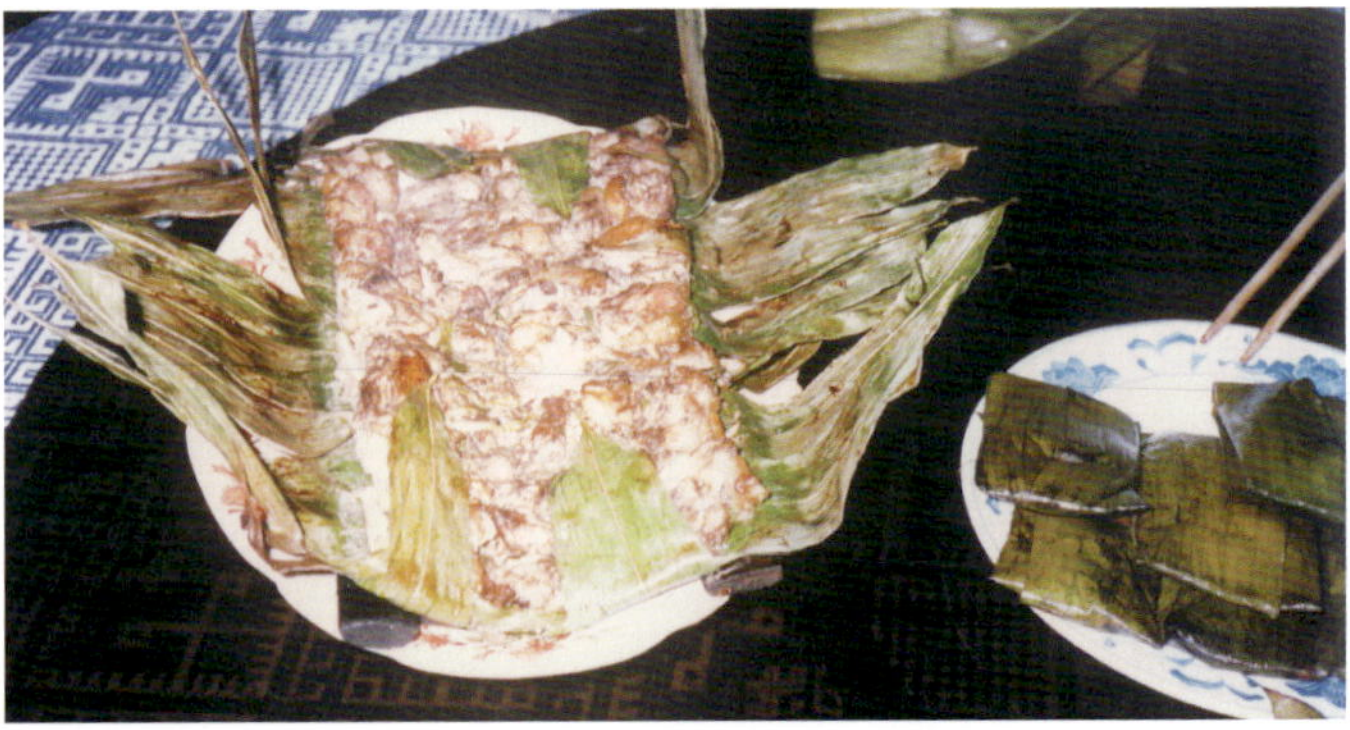

3 瑤族竹板鶏

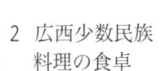

4 侗族酸
水全魚

5 仫佬族
扣地羊

6 侗族竹串肉（左）
と群魚戯珠（右）

た。

パイナップルを盛り合わせた菠蘿船もあった。

食事中も三江侗族の蘆笙の演奏や歌垣を思わせる対歌のやりとりがあり、楽しく夕食を楽しんでいた。

何族料理か忘れたが、龍虎大会という料理が出てきた。黄副館長が「何かわかりますか」と問われる。「龍を食べることはできないからこれは蛇でしょう。虎もそうでしょうから猫ですか」と言ったら、「その通りです」と答えられた。犬のみならず猫までもと怖れたが、止むを得ず食べた。味を覚えていないが、美味しかったことは間違いない。

2 雲南の珍味

烤乳扇という箸巻

縁日の屋台に、このごろ、お好み焼きを箸に巻きつけたような箸巻というのが見られるようになった。

同じような形の食べ物を昆明市で見かけた。南強歩行街を散策していると、白族の女性が大理風味というチーズ箸巻きの烤乳扇を売っていた。乳扇は、醗酵させて酸っぱくなった牛乳を入れた鍋を火に架け、沸騰する直前に新しい牛乳を加えて、棒でゆっくりと攪拌するとチーズができ、それを薄く延ばしたものだ。その形が扇に似ていることから乳扇とよばれる。

肉や野菜などの餡を箸に巻きつけ、それを乳扇で包み込んで焼いたのが烤乳扇（図52）。だから日本の箸巻とは箸に巻くという共通性はあっても、まったくの別物だ。それにしても、箸に巻くという発想が他人の空似的でおもしろかった。

図52 烤乳扇と箸巻

1・2 箸巻（福岡県太宰府）

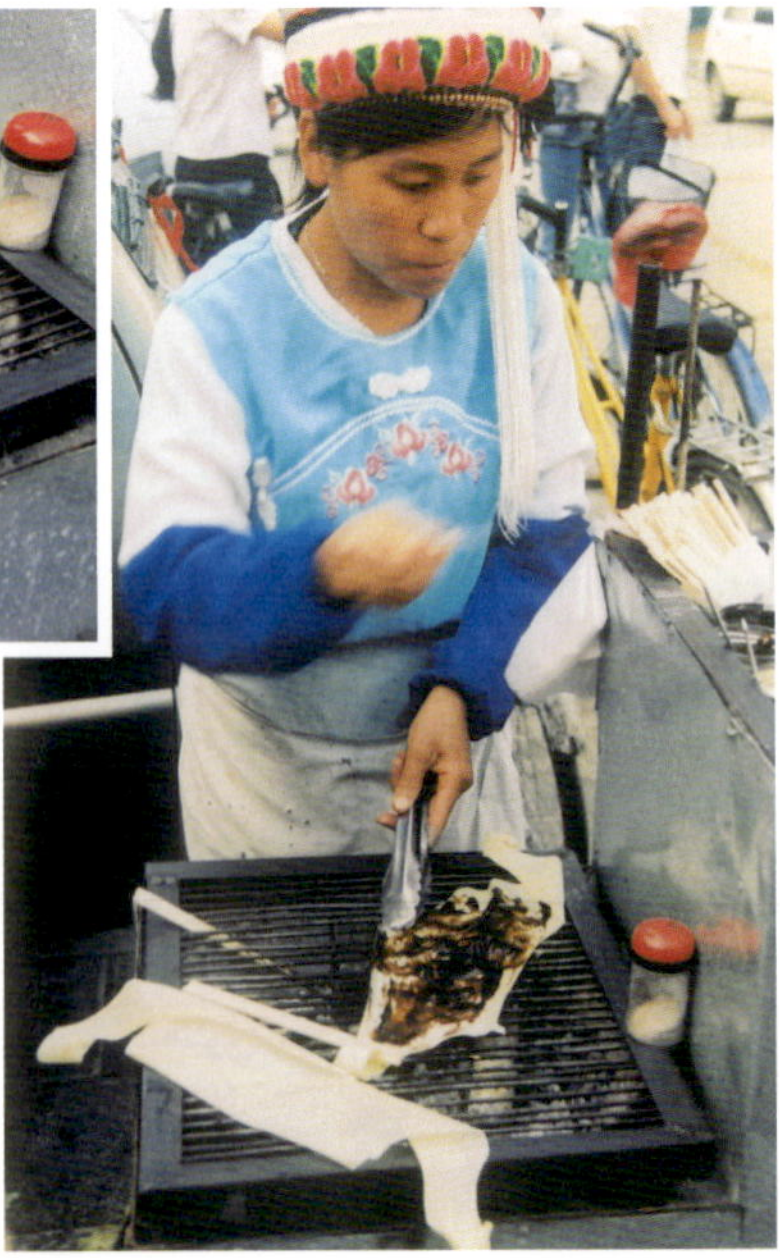

3・4 烤乳扇（雲南省昆明 ⑥⑤）

烤乳扇は大理でも売っていて、「雲南十八怪の珍味」と宣伝していたが、食べることがなかった。今後、機会があれば食べてみたいと思っている。

熊蟬のようなスズメバチ

日本でも蜂やイナゴなどの昆虫を食べる地方がある。長野で蜂を食べ、これは美味いと土産に買おうとしたら、「喜ばれない」と引き止められたこともある。

中国で昆虫が食卓に出されたのは思茅市だった。大きな皿に熊蟬を揚げたような大きさのスズメバチとさなぎや卵が盛られていた。高価というものの本体は食べる気にならなかったが、さなぎと卵は美味しかった。

食後に街を散策すると、美味しそうに蜂を食べる光景があった。皆さん、高価なスズメバチではなく、働き蜂のような小さな蜂を満面の笑みで食べられていた。

食べなかったことを申し訳なく思ったが、翌日の食卓にも出ていたので今度は食べた。熊蟬くらいの大きさだから、羽も大きい。その羽が口の内側に貼りつき、モソモソしてしまう。味はそこそこだったが、貼りつく羽に往生した昆虫食だった。

その後、昆虫を食べる機会は何度かあった。図53は昆明で食べたものだが、何かわ

図53 見た目は綺麗な昆虫食（雲南省昆明 ㊵）

からない。ただ、竹虫と言われた揚げたさなぎと蜂のさなぎを食べたので、これだろう。ことにカラリと揚げられた細いさなぎはスナック菓子のようで香ばしかった。

雲南ではないが、昆虫と同じ節足動物のサソリ（蠍子）は何度か食べた。観光地では五匹前後を串に刺した唐揚げがよく売られていて、別に食べたくもないが、物は試しと挑戦してみた。わかりきったことだが、美味しいはずがない。

硬かった犛の肉

迪慶蔵族自治州でリス（傈僳）族の村に稲作りの調査に行ったときだった。州名のようにチベット（蔵）族が多かったが、ウシ科の動物で大きな角と身体を覆うふさふさとした長い毛が特徴のヤク（犛牛）を荷役用や乳用に家畜として飼っている。

州の中心中甸は、理想郷のシャングリラはここであると主張し、街の名を香格里拉《シャングリラ》と変えている。チベット仏教ゲルク派のソンツェゴンパ（松賛林寺）に詣でた後、品味

図54 美味しそうでも硬い肉のヤク料理
（雲南省中甸 ㊼）

源という店で昼食をとった。「高原三江特色」と書いた看板で郷土料理であることを謳っていたが、珍しいヤク料理があった。

二品頼んだが、多分食肉用に飼われてはいないらしく、肉が硬い。野菜と煮込んだヤク肉湯のような料理は美味しそうに見えた。しかし相当に硬く、どうにか食べた（図54）が、ステーキ状のもう一品はもっと硬くてやっとの思いで嚙み砕いて食べた。臭いと硬さのわりには牛の仲間だけあって美味しかった。

珍味だが、牛肉や豚肉にくらべて安いらしく、いつものような食卓満載の料理であったにもかかわらず一卓八人で五六元（約七二〇円）しかしなかった。

ヤクを食べていると豚肉売りが来た。一頭の豚を解体し、頭から四肢まで姿作りにするように置いている（図55）。こうした光景はあまり見られなくなっている。

図55 豚肉を売る人（雲南省中甸 ㊼）

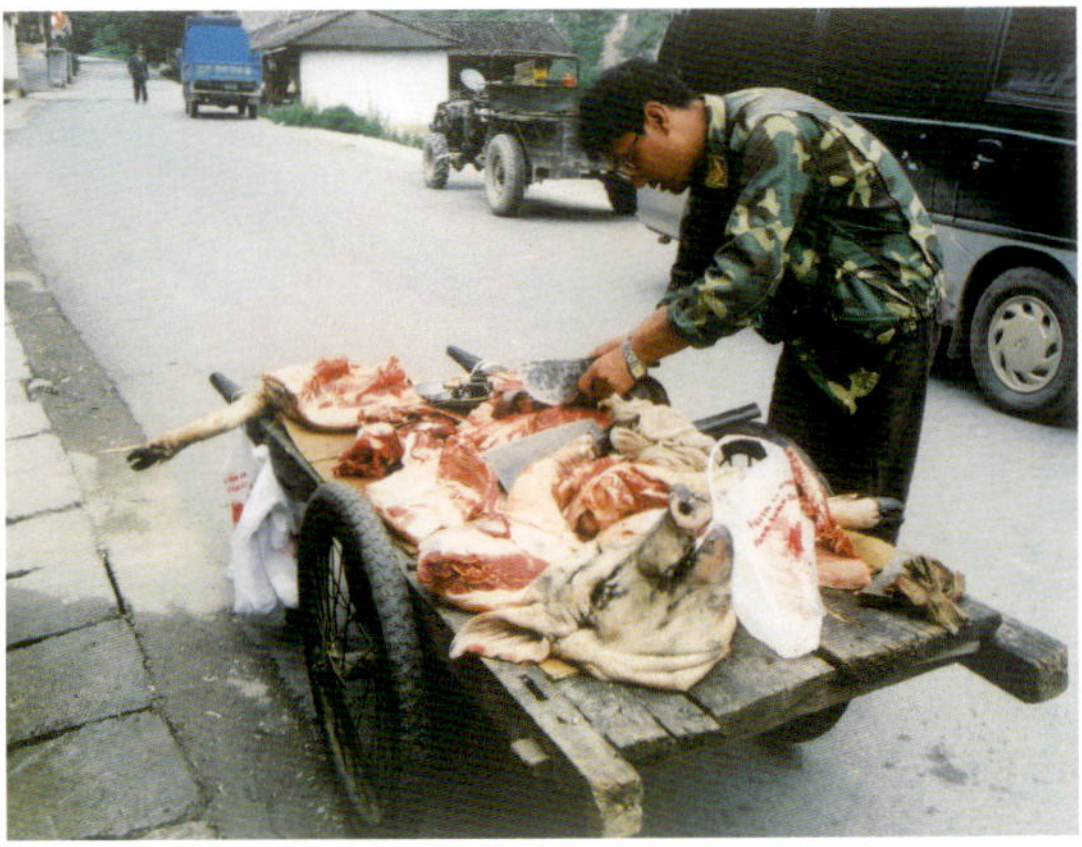

塩と化した塩漬豚

貴州省の貴陽から西の安順に向かい、石造りの布衣族の村やアジアのナイアガラとよばれる黄果樹の滝を眺め、雲南省の省都昆明に入った。

雲南省博物館で李昆声館長にご挨拶し、元謀県大墩子遺跡出土の炭化したウルチ米（粳）、出土地は不明だが籾痕のある陶盆などを調査させていただいた。次いで展示室で石寨山や李家山など漢代の滇国の文物をはじめとする逸品に見惚れた。

すると納西族么梭《モソ》人の展示コーナーがあった。モソはふつう摩梭と書く。中国の五五の少数民族には認められていないモソ人は、雲南省では納西族の一派、四川省ではモンゴル族の一派とされる不思議な民族だ。家譜を継承するなどの女性優位の母系制社会を構成し、日本の古代にみられた男性が、深夜、妻である女性のもとにかよう妻問婚《つまどいこん》（走婚）という婚姻形態を維持するなど、独得の習慣から女人国や女児国などとよばれている。
そこで中国政府は五五の少数民族の例外として、愛伲人とともにモソ人の独自性を「人」として認めている。したがって中国の少数民族は五五民族＋一人、実質五七民族ということになる。そのモソ人の文化を教え子の金縄初美さん（西南学院大学教授）が研究をしているので関心深く見た。

図56　モソ人の猪膘（塩漬豚）

1　成人式で踏む猪膘（雲南省昆明 ㊿）

2　宴のために用意された猪膘
（雲南省瓦拉片 ㊺）

モソ人の成人式のジオラマ展示があった（図56）。塩漬豚（猪膘）と食糧袋を片足ずつに踏んでいる。モソ人は、子供が生まれると、豚の肉や内臓を刳り抜き、代わりに塩を詰めて残った皮や脂肪を保存し、成人した後に祝いの席などで食べると説明されていた。猪膘とよぶ塩漬豚をいくつ持っているかで資産家の判断がされるという。

金縄さんに案内され、王孝廉西南学院大学教授や学生とともに雲南省寧蒗彝族自治県の濾沽湖畔に住むモソ人を訪れたのは二〇〇三年のことだった。金縄さんからトイレもテレビも無いと告げられていたが、濾沽湖の湖畔に面して新しく建った摩梭風情園というホテルにはバス、トイレもテレビもあった。食事も漢族のものとあまり変わらなかった。

湖畔を離れた瓦拉片のモソ人のお宅に泊まったときのことだった。毎年訪れる金縄さん、そしてその教師と学生の訪問を喜んで村の長老が歓迎の宴を催してくれた。例の塩漬豚をふるまってくれるという。ひどい二日酔いだったが、楽しみにしていた。

宴会が始まった。この日に合わせて醸してくれた青稞酒《チンコー》、スライスした豚皮と昆布を炊き合わせた料理が出てきた。

昆布は日本産で、江戸時代に俵物（ナマコ・アワビ・フカヒレ）などとともに北海道産の昆布が中国に盛んに輸出されたが、その名残がここにあった。

スライスした塩漬豚の皮は脂身が塩化して濁ってはいるものの透き通るようで、昆布との炊き合わせはいかにも美味しそうだった。一口ガブリ。それは塩だった。舐めたくらいで塩をそのまま食べたことはないが、これは塩味などのレベルではなく、塩そのものだった。

モソ人にとって塩漬豚は滅多に食べられない貴重な食材。そこでこの宴の料理のほとんどに豚肉が刻み込まれていた（図57－1）。だからほとんどすべての料理が塩。見た目には美味しそうだが箸が進まない。王教授と私は重度の二日酔いを理由に箸をつけなかったが、金縄さんや学生は大変だったろうと思う。

前の日に摩梭風情園で食べた塩辛い豚肉料理がこれであったことに気づいた。しかし風情園の料理は、塩味が勝っていたものの、それなりに美味しかった。雲南省麗江に移り住んでいる瓦拉片出身者の家庭でふるまわれた夕食の塩漬豚料理（図57－2）は、十分に塩抜きされていて美味しかった。瓦拉片の宴の猛烈な塩辛さは、予定外の宴だったので、塩漬豚の塩抜きが不十分だったのだろう。

雲南は味のデパート。スズメバチ・ヤク・塩漬豚の他にも竹の根を餌にして成長した竹の香りのするタケネズミ、ノロシカ、ラバ、さらに琵琶湖の鮒鮨を思わせるなれ鮨、納豆やカボチャの花の天ぷらなども珍しかった。甘酢に漬けたラッキョウや干し

図57 猪膘の料理

1 塩辛かった瓦拉片の宴会の食卓（雲南省瓦拉片 ㊺）

2 中央が塩抜きされて美味しかった猪膘の肉（雲南省麗江 ㊽）

た大根に唐辛子で辛みをつけたハリハリ漬けなどは、味も見栄えも日本と変わらない。

愛伲人が経営する愛伲山荘という民族料理の店が昆明にある。愛伲人の女性は小さいときから身嗜みとして按摩を習うから、この店では無料で按摩のサービスが受けられる。按摩をされながら雲南の珍味を味わう旅は格別だった。

3 貴州の珍味

唐辛子で食べたちり鍋

貴州省を旅した人はあまり知らない。旅した人も、東洋のナイアガラとよばれる高さ六八メートルの黄果樹瀑布くらいしか観光地がないから、それほど貴州を語られない。

貴州省の省都貴陽の東に黔東南苗族侗族自治州がある。

この地の苗族の稲作を調査しようと凱里を訪ねたことがある。白木原和美熊本大学教授との二人旅だったが、凱里の宿舎営盤坡民族賓館の夕食の火鍋が印象深い。

大皿に盛られた薄く切られた魚肉片がまず運ばれてきたので、中国にも刺身があるのかと思った。しばらくしてハム、白菜・人参・椎茸などの野菜や豆腐・昆布を煮込んだ鍋、炎の燃えあがる七輪、真っ赤な唐辛子の粉を盛った丼が持ち込まれた。すると、七輪に鍋を架け、沸騰したら刺身のような肉片を熱湯にくぐらせて食べろという。

図58 貴州のちり鍋（貴州省凱里 ㊾）

1　唐辛子丼で食べるちり鍋

2　刺身を思わせる魚の切り身

ちり鍋風シャブシャブだった（図58）。

それにしては取り皿が無いなと思っていると、唐辛子丼がそれだと言う。確かに唐辛子丼は人数分あった。いかにも辛そうな赤い丼に当惑していると、丼に鍋からスープを注いで唐辛子を液状に緩め、肉片や具材にまとわらせて食べる、と説明された。あまりにも辛そうなので腰が引けたが、食べてみると意外に辛くなく、食べ進めるうちに丼のお替わりをしていた。

凱里ではトウモロコシでポン菓子を作る懐かしい光景を見た。少しもらって食べたが、味も懐かしかった。

食べ損なった雑炊

凱里郊外の郎徳上寨にある苗族の村を訪れたときだった。

この村は観光開発されていて、外国人客が来ると所定の民族色豊かな歓迎行事があり、所定のコースで案内される。しかし私たちは二人だったので歓迎行事も無く、ふつうの訪問客として自由な行動ができた。村長さんのお宅で石庖丁と同じような形をした鉄刃の摘鎌（摘禾刀）を稲刈りにまだ使っているのかと伺うと、もう使っていないが使ったことはある、と身振りで再現してくれた。

台所のある土間の炉に焚き木をくべて暖をとりながらこういう話をしていた。台所には昔懐かしい竈があり、架けられた大鍋から芳しい匂いがしてくる。たまらず覗いてみると、具沢山な雑炊が炊けていた。

あまりに美味しそうだったので「一口食べさせてくれないか」と頼むと、村長は「止めておいた方がいい」と言う。朝早く街に出かけ、食堂を回って残飯を集め、豚の餌にするために火を通しているところだった。「それでよければ食べなさい」と言われたが、色とりどりの豊かな具材が食欲をそそる芳香をともなって炊きあがっていたもの

図59　鱗を楽しむ豆瓣魚（貴州省貴定 ㊿）

の、そう聞くと食べる気は起きなかった。

鱗を味わう豆瓣魚

凱里からの帰途、貴定県城の喬老爺酒家という小さな食堂で昼食をとった。

驚いたことに生け簀があり魚が泳いでいる。刺身を作るのかと思い聞いてみたら、どの魚を食べたいかと問う。これと指さすと、おやじさんがそれを網ですくった。近寄って調理の光景を写真に撮ろうとしたら、離れろという。

そこで離れると、生きた魚をそのまま油のたぎった鍋に放り込んだ。今まで泳いでいた魚は一瞬にして唐揚げになってしまった（図59）。皿に置かれた魚の鱗が逆立っている。おやじがまず鱗から食べろと言うので食べたが、パリパリした煎餅のようだった。

図60　とにかく甘い菓子のような八宝飯（上海㊱）

豆瓣魚というカリカリに揚がった鱗の感触を楽しむ料理だった。

菱餅みたいな油煎八宝飯

　豆瓣魚の鱗と淡白な白身を味わいながら、「日本から来た」とおやじさんに言うと、「外国人は素通りしてほとんど来ない」と喜んでくれ、祝いの席で食べるという油煎八宝飯というのを作ってくれた。

　八宝飯は、型押ししたお強《こわ》を蜜で煮た数多くの果物で飾った甘い菓子だが、ここでは赤色・白色・黄色の餅状のものを三段に重ねていて雛祭りの菱餅を思わせる。菱餅は、上海の和平飯店にあったが、ドングリの身から作った褐色の餅と白餅を重ねていた。ここの八宝飯は赤と黄は色づけした炊き干し法で炊いた御飯を揚げたものだった。白も当然御飯だろうと思った。

　美味しそうでさっそく一口食べたが、白色部分は一センチばかりの厚さの白砂糖だった。当時、甘いものに手が出なかったが、おやじさんの好意を考えて食べ、その甘さに悶絶したものだった。

貴州ではないが、上海で食べた双色八宝飯も甘かった。糯の白米と黒紫米を炊き干し法で炊き、それぞれを半球状に盛りつけ、全体に干ブドウや松の実・クコなどの果実、そして頂を棗で飾っていた（図60）。白米の方は白・黒紫・白の三層になっていたが、黒紫が小豆餡ですごく甘かった。黒紫の方は一色だったが、饅頭のように中に小豆餡が包み込まれていて、これも甘かった。八宝飯は甘いと改めて悟った。

4 海の幸を味わう

姜女石遺跡のブイヤベース

一九九八年に秦の始皇帝の行宮《あんぐう》の一つ碣石宮の遺跡を発掘している遼寧省文物考古研究所姜女石工作站を訪れた。

万里の長城の東端が海に沈んでいく河北省秦皇島市の山海関に接するが、遺跡は遼寧省綏中県の海沿いにあった。辺鄙なところで宿も無く、調査団の客舎に泊めていただいた。東北地方で吉林大学の名声は高く、滕銘予教授が同行されていたこともあって、研究所で食べた夕食は村一番の料理上手が腕をふるってくれた（図61—1）。

最初に雑魚を煮込んでスープだけを飲むという魚介類のスープ煮が出てきた。ブイヤベースだが、こうした食べ方を中国でしたのは初めてだった。次いで、茹でた蟹やシャコ（蝦蛄）、煮たり揚げたりした魚、焼いたマテガイ（蟶子）などの料理が十数品出てきた。茹でたシャコは日本と同じように皮を剝いて食べたが、それぞれの足元に

図61　海の幸満載の海鮮料理

1　遼寧省綏中（⑬）

2　遼寧省旅順（⑫）

置かれたバケツが満杯になるほど食べた。

中国料理の卓を必ず飾る牛肉・豚肉や鶏肉は出てこなかったが、海鮮料理の美味しさを堪能できた。

中国の宴席ではかならず一皿、魚料理が出る。蒸した桂魚に白髪ネギを載せ、色の薄い調味料をかけ姿蒸しにして味を付けた餡かけの清蒸桂魚を丸々一匹食べたら、「これを一人で一匹食べた日本人は二〇人いません」と言われたが、誰が数えたのだろうか。同じように鯉や草魚などの川魚に餡をかけたもの（図62）が多いから、海鮮料理は新鮮だ。

遼寧省大連市の旅順にある旅順獅子口酒店での昼食も海鮮中心だった（図61―2）。殻から取り出されたニナの身は美味しかったが、これを取り出す労苦を労わりたくなった。ニナとともにカラスガイやオウギガイ（扇貝、帆立貝のこと）などの貝類も出されたが、ことにオウギガイの味が評判だった。

吉林省長春市の金海亭は遼寧省大連市の金海湾で獲れた活魚を直送で仕入れていて、内陸の街なのに鮮魚の刺身や殻付きのウニ、シャコとアサリの唐辛子炒め、明太魚鍋（たら鍋）などを堪能できた。

これほどの海鮮づくしではないが、浙江省温州市の東阿外楼大酒店の食事も鰻や蟹、

図62 中国の魚料理のいくつか

1 吉林省長春（⑥）

2 陝西省西安（㉘）

3 福建省厦門（㊽）

白魚のような魚を賞味できた。

今では海鮮料理は、ことに上海などの海沿いの都市で食べられるようになってきている。一階の生け簀で魚市場のようにいろいろな魚が泳ぎ、それを見ながら食べる魚を決め、料理法を告げて二階に行く。そこで新鮮な海の魚を味わう。

こうした新鮮さの反面、北京や遼寧省遼陽市のような内陸部でも酢ガキが出た。ドロリとした鮮度の悪さを感じさせる外見に危険を感じたが、日中友好のため、覚悟して食べたことがある。こうしたこともある。

本場の上海蟹

上海蟹を初めて食べたのは、上海の名店上海王宝和酒家だった。

蟹尽くしの料理を食べているうちに、主役の茹でられた上海蟹が出てきた。八人席に雌雄四匹ずつ、八匹あった。雄蟹がことに美味しいというから、運の悪い四人は残念ということになる。このときは雌蟹が当たったが、その後何度も王宝和酒家に行き雄蟹も賞味している。

上海蟹は大閘蟹というが、今では上海蟹の名が定着している。イワガニ科に属する淡水産の毛蟹で、長江流域に多く産するが、その分布は広く、朝鮮半島でも獲れる。日本でモクズガニ（藻屑蟹）といっている蟹の仲間になる。

なかでも江蘇省昆山市の陽澄湖産のものが最高に美味しいとされていて、陽澄湖産のものだけを上海蟹といっている（図63）。

上海の華東師範大学から西南学院大学に学術交流の締結がよびかけられ、事前の打ち合わせに行ったことがある。協議が終わると、担当の田兆元教授が「陽澄湖に行って上海蟹を食べましょう。市内は〝留学生〟ばかりだから」と誘われた。喜んで同行した。

最近の上海蟹人気に便乗して、他で獲れたり養殖したりした蟹を短期間陽澄湖に持ち込み出荷する例が多く、それを留学生と言われていた。

陽澄湖に着くと、信頼のおける避風塘という料理屋に入った。一匹七〇元。ずいぶん高いと思ったが、上海市内にくらべると格安だった。蟹だけかと思っていたらいろいろな料理が出てくる。それを堪能していると、赤く茹でられた待望の上海蟹が出てきた。脚は細いのであまり肉がなく、甲羅に収まっている肉とカニミソを食べた。肉はあっさりとしているが、カニミソにこくがあり美味しい。雄蟹が美味しいといわれていたが、雌雄一人各一匹ずつ出てきた。食べくらべるとやはり雄蟹は絶品だった。

図63 秋の味覚上海蟹

1～3 扱いの雑な留学生
の上海蟹（上海 ㊱）

4～6 正真正銘の上海蟹
（江蘇省陽澄湖 ㊲）

甲羅にたくさん蟹味噌が残っていたので、甲羅に紹興酒を注いで甲羅酒にしてみたところ不味かった。これはお薦めできない。

陽澄湖の周りには金魚の産地のような水田状の浅い池がたくさんある。上海蟹は川を堰き止めてダム（閘）を作り獲ることからもともと大閘蟹とよんでいた。そんな不安定な漁法で大量の上海蟹を確保できるのはなぜだろうと思っていたが、ここで飼っているものもあるらしい。

本場でない北京で上海蟹を食べたことがある。老城大和菜館という店だったが、蒸すのではなく上海蟹を揚げていた。上海蟹揚げも美味しかった。

陽澄湖では蓮花島記蟹園という店でも食べたし、上海でも王宝和酒家以外の店で、さらに北京や香港でも上海蟹を食べている。どこで食べてもそんなに味は変わらないと思うが、風光明媚な陽澄湖で本物中の本物の上海蟹を食べる気分は格別だ。一〇～一一月が旬だから、陽澄湖での上海蟹の賞味を皆さんにお薦めしておこう。

瑞安のムツゴロウ

支石墓は朝鮮半島に多数分布するが、遼寧省など中国にも多少分布する。それらは朝鮮半島に近い地域で、石棚とか石棚墓とよばれている。

これらとは別に、意外な場所、遠く離れた浙江省瑞安市一帯に三〇カ所ばかり分布が知られており、抬石墓とよばれている。その一つ、馬嶼郷石垟村にある棋盤山の東山崗と西山崗の支石墓群を調査したことがある。

瑞安市は、温州ミカンで有名な温州市の南にあり、諸説あるが中国三大美人の地の一つといわれるように、宿舎の瓯昌飯店の従業員をはじめ、綺麗な人の多い街だった。その瓯昌飯店で夕食を食べたが、もっとも高価な料理は「炸煮跳魚」だった。姿形はもとより、黒色に近い飴煮状の調理法、そして白色の肉質はムツゴロウそのものだがややほっそりとしていた。トビハゼかも知れないという思いもあったが、トビハゼは弾涂魚と書いてある。厦門の市場で売られていたムツゴロウには「飛跳魚」とあり、食感からしても間違いない。

この地方には有明海と同じ、潟スキーによるムツゴロウ釣りが行われている。ムツゴロウは浙江省の干潟には多いのだろう。

飯店の近くには屋台が多かったが、アゲマキを置いている店があった。これをアサリのバター焼き風にして食べていた。白玉団子もある。そういえば、杭州のクリーク地帯には菱が栽培され、菱の実を食べる習慣がある。ムツゴロウ・アゲマキ・白玉団子・菱の実といえば佐賀県を思い起こさせる。何やら、温州湾一帯と有明海の交流をうかがわせるが、瑞安の抬石墓と佐賀の支石墓は構造がまったく異なり、こちらの関係はうかがえなかった。

洱海の白魚

温州と雲南省の昆明で白魚を食べたことがあるが、それ以外では魚屋でも料理でも見なかった。昆明の白魚は天ぷら風に揚げられていたが、海の魚と思っていた白魚が内陸の雲南で食べられていることに違和感があった。その白魚と意外なところでめぐりあった。

雲南省大理市は白族の街。大理古城の東に洱海という広大な湖がある。

観光船に乗って対岸に沿った金梭島の観音閣に詣でた。周りに観光地特有の露店があった。魚料理の店があったので見ると、串に刺した白魚（銀魚）を売っている。天ぷらのように揚げて食べるという（図64）。

大理は海岸から遥かに離れた奥地。何でこんな所で海の幸と思ったら、洱海で獲れるという。

図64 淡水湖の白魚（雲南省大理 ㊾）

1　南梭島の露店で見た白魚の天ぷら

2　挖色で売っていた白魚

翌日、仏教聖地の鶏足山に詣でた。到着が遅れたので主殿の金頂寺までは足を延ばさなかったが、石鍾寺や五華庵禅寺などに参拝した。

帰路、洱海東岸を南下する路をとったところ、小普陀島近くの挖色という漁村に魚を選別している家があった。選別作業を見ていると、同行した金縄初美さんが白魚、別の小魚、エビをそれぞれ一斤（五〇〇グラム）買っていた。各一〇元。合計三〇元は約四〇〇円。

その日の夕食をとった金花人家で白魚をお好み焼き風に、小魚は素揚げ、エビは唐辛子で炒めてもらったが、酒の肴に最適の味だった。

合浦の沙虫

広西壮族自治区は中国の南端で、ベトナムに近い。その海南島に面した海岸部に、似つかわしくない名前の北海市がある。その一画、北海市合浦は漢代の合浦郡の郡治の故地で、合浦漢墓という多数の漢墓群があり、これを見ようと合浦を訪れた。

漢墓や建設途中の合浦漢墓博物館を見ていると昼になり、同行した黄啓善広西壮族自治区博物館副館長から昼食場所へ案内された。新華書店という本屋さんに入っていくので戸惑ったが、その二階は新華大酒楼という食堂だった。あの初めて犬を食べた店だ。

旧式の食堂で、大きなテーブルに料理が満載された（図38、94ページ）が、中国料理特有のターンテーブルが壊れていたので、自分の前に置かれた皿に箸を進めた。幸いなことに、麺大好きの私の前には麺料理。食べてみると、極上の美味。幸運を喜びながら食べているうちに、麺に縞があることに気づいた。そこで一本並べてみると、端に頭みたいなものがある。あわてて黄副館長に「これは何ですか」と尋ねると、「沙虫です」。沙虫の沙は砂のこと。「砂虫とは何ですか」と重ねて問うと、壁に架けられた写真を指さしてくれた。それは魚釣りの餌に使うゴカイだった。

京族（ベトナム人）の料理と紹介されたが、その珍しさと極上の美味にしても、箸の動きは止まったままだった。

5 松茸三昧

上虞の婚礼料理

浙江省上虞市の小仙壇窯跡を見に行ったときだった。辺鄙な所だから昼食の場がなく、旅行社が村長の簗栄富さんにホテルやレストランでの昼食と同じような額を支払って、料理を頼んだ。

簗さんにとってはとんでもない大金。村長は西瓜農家。まず自慢の西瓜を食べさせられた。

それでいささか腹が膨れてきたが、食事に祝いの席の餃子をはじめとする二〇品近い婚礼料理が用意された。農家だから多くは保存食の漬物に火を通して手を加えたものだったが、味は格別。その素朴な美味しさと量で満腹になった（図65）。

大分の団子汁とそっくりな麺や佐賀の白玉団子風の懐かしさを感じるものもあった。台所を覗くと、これらを大鍋一つで作っている。次に焼きそばのような麺料理を作ろ

図65 村長宅の婚礼料理（浙江省上虞 ㊵）

うとしていたので、「もう満腹だから作らなくてよい」と言うと、「日本人は炒飯と焼きそばが好きだからそれだけを用意してくれ、と言われて引き受けた。しかしそれはこれからだ」と言う。それまでの「二〇を超える料理は何ですか」と聞いたら、「受け取った料理代金があまり高いので、炒飯と炒麺（焼きそば）で済ますわけにはいかないから婚礼料理を用意した」と言っていた。

台所の外を見ると、家を新築するらしく、切り込みの入った建築部材が揃っていた。明日が棟上げだというので、一日違いを残念がっていたら、昼食代のお礼だといって、急遽棟上げしてくれた。

干豆腐と豆腐串

日本でも豆腐には、木綿豆腐や絹ごし豆腐の他に、

図66 寄せ鍋のような大理名物沙鍋魚（雲南省大理 ㊾）

揚げ（油揚げ）・厚揚げ・凍み豆腐・湯葉、さらにはおからやがんもどき（雁擬き）などの種類がある。沖縄には麹や泡盛に島豆腐を漬け込んでチーズのようにする豆腐餻《とうふよう》がある。それでも種類の多さは中国には及ばない。湖南省長沙市の湘江の中の島で見た豆腐屋さんの品揃えの多さには驚いた。

中国の豆腐は少々では崩れない固豆腐に作られる。角切りした豆腐を主役に、魚と白菜・人参・ネギ・モヤシなどを煮たてた沙鍋魚という大理名物の鍋を食べたことがあるが、味付けは少し違うものの、日本の寄せ鍋そっくりだった（図66）。

麻婆豆腐も変わらない。

家常豆腐という小松菜などを煮込んだ料理に使われる厚揚げもそっくりだ。

湯葉は腐皮とか豆腐皮とかいう。浙江省杭州市の棚橋農貿市場で買ったことがある。最も少なくても

図67 芸術的な切り込みをした豆腐串（河南省安陽 ㉝）

風呂敷大の湯葉が一五枚もあったが、捨てるわけにもいかず丸めて持ち帰った。家で餃子の皮や天ぷらのころもの代わりに巻いてみたが、本物以上に美味しかった。

街で見かけた看板に「日本豆腐」とあったので何だろうかと考え込んだが、これは卵豆腐のことだった。

干豆腐というのがある。水分量を少なくした豆腐を香辛料の入った醤油で煮しめ、蒸したり炙ったりして風呂敷のように薄作りした豆腐で、麺のように細く切って食べることが多い。

干豆腐を細切りにして、やはり細切りにした野菜などと和えたものを干豆腐絲というが、知らない人は素麺料理と勘違いする。干豆腐絲は、千切りにしたジャガイモを揚げたり炒めたりした土豆絲とともに、酒席のおつまみや前菜としてよく出てくるから気づかずに賞味されているかも知れない。

河南省安陽市の郊外だった。海苔の大きさくらいの薄い豆腐を干して「豆腐串」を作っている人がいて、神社のお祓いでみる玉串に付けられる紙の御幣を複雑にした網目状の切り込みを細く入れ、乾かしていた（図67）。よく乾いたら油で揚げたり煮たりして食べるという。いろいろ聞いていると「食べていきなさい」と誘われた。しかしよく聞くと、調理まで二時間。あきらめた。

その夜は鄭州市の国際飯店に泊まったが、近くで夜市があっていた。覗いてみると、豆腐串を焼鳥のように焼いている屋台があった。素麺状細切りの干豆腐と網目細切りの豆腐串はまったく違った見かけだが、要は同じ干豆腐。同じ味がした。

湖南の臭豆腐

湖南省博物館と馬王堆漢墓を見学した日の夜、何介鈞・高至喜・周世栄先生をはじめとする湖南省の考古学研究の指導者と会食した。

しばらくすると、宴席にそぐわない肥溜のような臭いのする真っ黒いものが運ばれてきた。湖南出身の毛沢東の好物の臭豆腐だった。

図68 上海田子坊（㊱）の長沙臭豆腐

あまりの臭さに顔をそむけていると、同行の菅谷文則滋賀県立大教授が「日中友好のため君が犠牲になれ。美味しそうに全部食べなさい」と言う。何を無茶なと思いつつ一口くわえたが、口に広がるウンコの臭い。我慢して食べていると味覚が麻痺して美味しく感じるようになってきたので全部平らげた。

これを見ていた湖南省の面々は感激し、いろいろと便宜をはかってくれた。

その後、臭豆腐を食べる機会は多い。上海の華東師範大学の近くにある湖南味の臭豆腐を食べたが、そんなに臭くない。田子坊の長沙臭豆腐もそれほどではなかった（図68）。北京の東安門大街の東華門夜市の屋台で食べた北京風味の臭豆腐は、真っ黒な外見こそ同じだったけれど、臭いも薄く、焼き過ぎた豆腐程度の、湖南のものとはまったく違った味だった。

醗酵液に漬け込んだ豆腐を揚げる臭豆腐、ことに湖南の臭豆腐の臭さは抜群で、この味に慣れれば、同じ醗酵食品の中でも臭さの代表的な伊豆諸島特産のムロアジを醗酵させたくさやなど問題なく食べることができる。韓国全羅南道の木浦市にエイ（ホンオ）の面白い食べ方がある。エイを甕に詰めて醱酵させるが、ものすごいアンモニア臭がする。刺身で食べたが、ホンオも新島のくさやも琵琶湖の鮒鮨も、その臭さは湖南の臭豆腐にかなわない。一度味わってみては如何だろうか。

長白山の土蛙

吉林大学を訪れたときだった。裘式綸副学長に誘われ、長白山賓館にある吉林料理（吉菜）の名店長白閣で夕食をとった。

美味しい料理に舌鼓を打ちながら、何気なく「ここは吉菜ですが、長春は山東料理（魯菜）が多いですね。吉林料理とか長春料理の看板を見ませんから」と言った。

数日後、また裘副学長に長白閣に誘われた。先日と同じ料理を食べていると、土蛙の盛られた皿が出てきた。「これは長白山（朝鮮では白頭山）にのみ生息している天然記念物の土蛙です」と説明していただいた。珍奇で貴重な料理に驚いたが、所詮は土蛙。それまでに食用蛙の田鶏の美味しさと土蛙の不味さを味わっている。

長白山土蛙は珍奇であっても土蛙は土蛙。食べてみると肉が痩せていて不味かった。

図69 水筒の役割を果たすハミウリ

（新疆ウイグル自治区博楽 ㉖）

1 沙漠のオアシスで売っていたハミウリ

渇きを癒す哈密瓜

内蒙古自治区の通遼行きでも、北疆のグルハンテンギュト沙漠を周回する旅でも、ハミウリ（哈密瓜、図69）・スイカ（西瓜）・マクワウリ（真桑瓜）を大量に車に積み込んでいた。

水の無い沙漠では水不足に悩む。だからといって無制限に水を積むわけにはいかない。ウリは水筒代わりに積み込まれたものだった。三種のウリはいずれもウリ科の蔓性植物で、実際、哈密瓜と西瓜は同じ畑に植えられていたが、日本で見る西瓜畑と変わらない。

マクワウリは甜瓜《てんか》やアジウリ、アマウリともいわれる甘いウリだが、食べくらべるとハミウリやスイカよりも淡白な甘さだ。メロンの仲間のハミウリは卵黄色のものが多いが、メロンのような色や白色に近いものもある。

2　店の背後はハミウリ畑

これがもっとも甘い。だが、甘い分だけ食べた後の喉の渇きが早い。スイカもそれに近い。甘味の少ないマクワウリは食べても喉の渇きが遅い。

そこで移動があまり遠くないときはハミウリを食べるが、長距離では甘味の少ないマクワウリが適している。旅の初めは美味しいハミウリに手が伸びるが、次第にマクワウリを食べるようになっていく。

昆明の納豆

雲南省にはラッキョウやこんにゃく・納豆など日本と同じ懐かしい味がある。ラッキョウは見栄えも味もまったく変わらない。

東南アジアの少数民族では糸引き納豆が食べられると聞く。雲南でも徳宏傣族景頗族自治州の納豆は糸を引くというが、これには出会わなかった。

昆明の自由市場で売っていた納豆は糸を引かなかった。これを買って近くの彭家菜での昼食に持ち込み、ビールのつまみにしたら少し塩辛かった（図70）。そこで納豆飯

図70 糸を引かない納豆（雲南省昆明 65）

3 混ぜると納豆の本領を発揮

1・2 市場で売っていた納豆

にして食べたら、蒸して熟成された大豆の粒に懐かしい日本の納豆の味がした。

摩梭《モソ》人を訪ねる一〇日間の旅に持参したら、摩梭の人たちも同じような納豆を食べていた。毎食の御飯に載せ、ときには料理の味つけに使った。同じ炒青菜でも味が変わるから、おかずが一皿増えた。

昆明に帰着した朝、納豆が糸を引いていた。糸引き納豆の完成かと思ったら腐っていたので、あわてて処分した。

海南島の椰子ジュース

中国には缶入りの椰子ジュース（椰汁）がある。

牛乳のように白いこともあってココナツミルク（椰奶）というが、甘いものを苦手にしていた時期にも、スッキリとした甘さを好んで飲んだ。この経験から椰子の実の液汁は白いと思い込んでいた。

椰子の実から直接液汁を飲む体験をしたのは海南島に行ったときだった。ベトナムのハノイよりも南の緯度にある海南島には椰子の木が多い。瓊中黎族苗族自治県の山道に椰子を売っている店があり、黎族の青年が椰子の果液を飲めと庖丁で切ってくれ

図71 椰子の果液を飲む（海南省瓊中 ㊾）

た（図71）。固い殻、その内側にある胚乳に包まれるように、果心に液汁があり、飲んでみると爽やかな味がしたが、色は薄く白濁しているもののほぼ透明だった。

島の中央にある通什市の周辺には黎族の村が多い。訪ねてみると、椰子の白い胚乳を粉にしたココナツパウダー（椰粉）を干していた。調味料として料理に使うという。安かったので買い、ホテルで湯に溶かして飲んだところ、缶入り椰子ジュースの味がした。

だから正確を期せば、果殻と胚乳の間にある透明の果液こそが椰子汁で、缶ジュースの椰子汁は胚乳を加工したココナツミルクのことになる。買ってきたココナツの粉は溶かして飲んだり、調味料として料理に使ったが、味をまろやかにし重宝した。

雲南省の松茸

日本の味といえば松茸。何せ雲南省は松茸（松菌）の産地で、日本へも輸出されている。

麗江に行ったとき、著名な文化人類学者の郭大烈先生が私財を投じて開設された麗江東巴文化博物館（麗江東巴文化伝習院）に研究者用の宿泊施設があり、泊めていただいた。昆明のホテルでコックをされている息子さんが帰省されていて、日本人だから松茸が好きだろうと、松茸を調理してくれたが、八宝菜のような料理だったので、松茸の姿も味もよくわからなかった。

息子さんに相談すると松茸丼風に調理してくれたが、これは風味を満喫できた。

麗江からの帰途、省都昆明で在外研修中の韓景旭西南学院大学教授に会ったときに

図72 松茸の包み焼き（雲南省昆明 ㊅）

その話をしたら、「食べに行きましょう」と菌王松茸園という店に案内していただいた。中国では松茸ともいうが、ふつう松菌という。ここは名前通り松茸料理の専門店で、松茸・牛肝茸・キヌガサ茸など五種のキノコ鍋と松茸の包み焼きを食べた。

包み焼きは松茸から出るスープが甘く、美味しかった（図72）。地元では松茸よりも人気があるという牛肝茸もさすがに美味しかった。イタリア料理で使われるポルチーニ茸というのがあるが、それが雲南でも獲れ、牛肝菌（茸）とよばれている。竹笙老鶏湯というキヌガサ茸（竹笙）と青梗菜・鶏のスープもやさしい味がした。

店の人は松茸と牛肝茸、竹笙、それに椎茸（香菇）以外は、固有の名詞ではなく菌（茸）ですませていた。

ともあれここの料理は松茸の風味を生かしたものだった。これを土産にすればよかったとつぶやいたところ、韓先生が店から松茸を一五本、買ってくれた。日本に植物を持ち込むのは難しい。しかし菌類のキノコは土さえ付いていなければ

図73 巍山農貿市場の大脚姑（雲南省巍山 ㉛）

1 山で採れた松茸

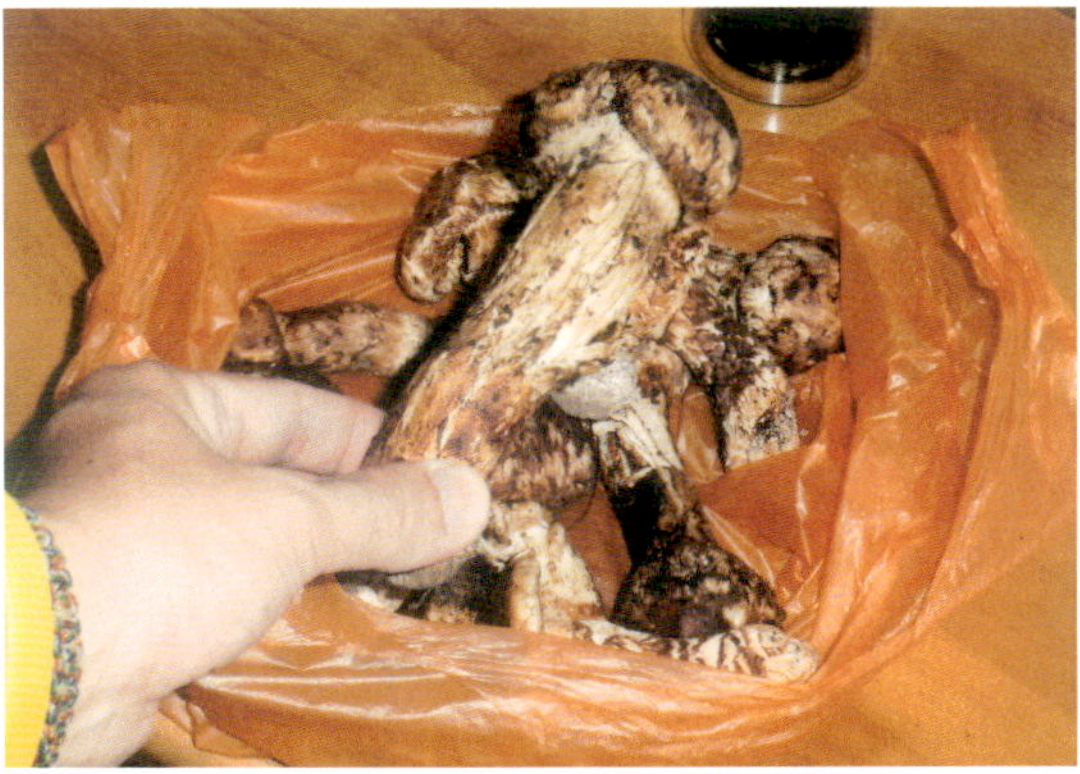

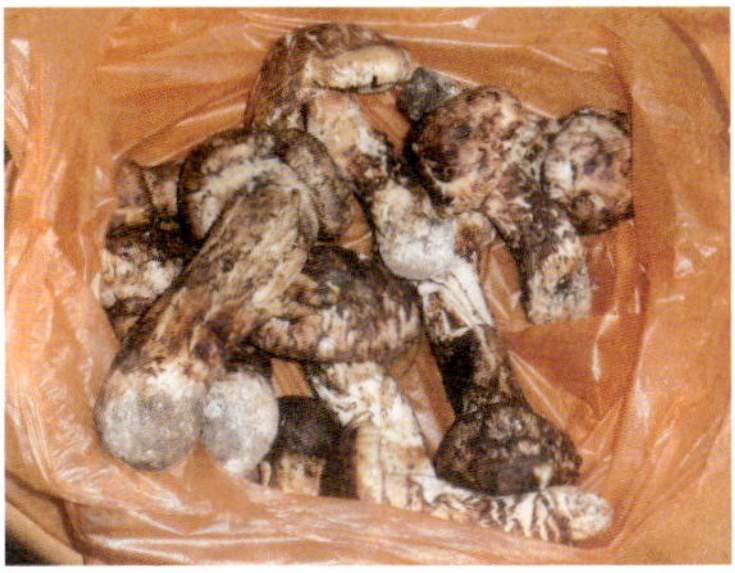

2・3 500グラムで15本，400円

簡単だ。土産の松茸を抱えて昆明から上海に飛んだ私は、その夜のホテルで丁寧に土を洗い流した。福岡空港を無事通関し、妻に土産として渡した。この日の夕食は松茸飯に、焼き松茸、松茸の土瓶蒸しの松茸三昧。採れたてだから風味もよかった。

図74 贅沢な松茸スープ（雲南省巍山 (61)）

この経験から、雲南に行くと早朝の市場に出かけ、松茸を探すのがクセになった。巍山県で泊まった林業招待所の近くに巍山県農貿市場があった。朝早く散歩がてらに覗くと、「大脚姑」というキノコがあった。形も匂いも松茸（図73）。姑は冬菇《どんこ》の菇だろうから、大脚菇。傘にくらべて大きな脚をもつ菇《きのこ》という名は形の特徴をよく言い表している。他では松菌や松茸とよばれていたから、この地方の呼び名かもしれない。一斤一五本あったので買ったが、五〇〇グラムで三〇元。当時のレートで四〇〇〇円だった。韓先生は一斤一二〇元で買ってくれたが、市場だけに安かった。

　前に麗江で松茸丼風に調理して食べたときに一緒だった王孝廉教授が、このときも同行されていた。一五本の松茸を先生に渡すと、昼食の清真料理の店で、細かく調理法を伝授されていた。こうしてでき

図75 あまり重視されていない松茸（雲南省大理 ㊾）

1　左端に松茸

2　松茸は他の茸の下に置かれている

あがったのが、洗面器ほどの器に盛られた松茸スープ（図74）。料理人の腕は確かで極上の松茸スープだった。スープを飲み、残りを御飯にかけ、松茸を堪能した。

この日の夕食は宿舎に近い阿建清真飯店というイスラム料理の店だったが、松茸があったので、松茸丼を特注した。割高の二二元だったが、それでも安い。日本では体験できない松茸三昧の贅沢な一日だった。

巍山から麗江に行く途中、市場や野菜屋を覗くと、数は少ないもののどこででも売っていた（図75）。地元の人は牛肝茸（ポルチーニ茸）というキノコを好み、松茸はそれほど人気がないらしく、どこも安かった。

V

デラックスなD級グルメを体験

弥生時代の社会構成に関心をもっている私は、人びとの身分に格差をもたらす主な要因となった水稲耕作の源流を求めて稲作遺跡を歩き、考古資料を調査する中国の旅によく出かけた。

それも、稲刈りに必要な石庖丁、出土米、最古の稲作遺跡のある江蘇省草鞋山遺跡・浙江省河姆渡遺跡・湖南省彭頭山遺跡のような考古資料・遺跡だけではなく、弥生時代社会を彷彿とさせる雲南省で少数民族の生活・文化を探り、石庖丁によく似た鉄鎌で稲刈りをする貴州省の苗族の村で鎌の使い方を学び、今でも野生稲が自生している海南省で栽培稲と野生稲の違いを実感し、稲作を知らなかった縄文社会との違いを沙漠地帯の新疆ウイグル自治区で体験するなど、幅広い経験を心がけた。

これらの調査対象地は環境が大きく異なっている。その違いは当然食文化に相違をもたらす。

北京や上海などの都会の大学や博物館・研究所で学ぶ場合にはツアーを利用すると安上がりになる。食事も他の旅行客とそんなに違いはない。しかし雲南省や貴州省の少数民族の村を訪ねるツアーなどほとんどないから、自力でスケジュールを組むというか、日常生活と同じようにその場で対応する。

そこに人びとの生の食生活に触れる機会が生じる。旅行客には体験できないデラックスな経験はそのときできる。

中国は広いから地方によって味が異なる。

日本で食べる中国料理に近い味はさっぱりとして油気の少ない広東料理（粤菜）で、この味に慣れた日本人は北京料理（京菜）を濃く感じる。北京や東北地方の料理は山東料理（魯菜）の系譜にあり、油を多く使い塩味が効いていて味が濃いが食べやすい。

麻婆豆腐で知られる唐辛子の辛さと舌がしびれる山椒の麻辣味が魅力の四川料理（川菜）もよく知られているが、唐辛子や山椒などの多くの香辛料を使う特色がある。四川の名物料理の宮保鶏丁は角切りした鶏肉とピーナッツを唐辛子で炒めたものだが、真っ赤になって全部唐辛子にしか見えないし、辛くて箸が出ない。辛い料理ばかりではない。日本の家庭料理になりつつある青椒肉絲や棒棒鶏、回鍋肉なども四川料理からきているのだから。

湖南料理（湘菜）はそれよりも辛い。

浙江省寧波の料理は塩辛いと聞いていたが、寧波飯店の料理は確かに塩辛かった。

その塩辛さに往生していたら、それを訝った料理人が一口食べ、塩と砂糖を間違えたと言ってすぐに作り直してくれた。少し薄まったもののやはり塩辛かった。

上海料理（滬菜）は甘味があって口に馴染む。上海の街角でおでんのように卵を鍋で湯掻いている小父さんがいた。茶卵（茶葉蛋）と思い買おうとした。前に並んだ人が買うとすぐに殻を剥いて食べたので覗くと、中に孵化寸前のヒヨコ（鶏仔蛋）がいた。しばらく殻のついた卵に手が出ないほどのショックだった。

味の違いや未体験の味はあっても、図2でわかるように、河北省承徳の北京料理（京菜）、上海の上海料理（滬菜）、福建省福州の福建料理（閩菜）の見た目はあまり変わらない。ところが内蒙古自治区や新疆ウイグル自治区、まだ経験はないが西蔵自治区に行くと見た目から一新する。羊頭と格闘した内蒙古自治区は羊肉食の世界。日本のテレビは一日に必要な野菜の摂取量を呼びかけるが、野菜などそんなに食べなくてもモンゴル族の白鵬は育っている。

新疆に行くと、人の顔つきも家並みも見慣れた中国ではない異国の感がある。主食はナンのような焼餅に変わり、羊肉串《シシカバブ》と拌麺が溢れている。

伊寧で庭にマスカットが垂れ下がるお宅があったので見ていると、寄っていけと誘われた。遠慮なく庭に入り、馥郁とした香りに包まれながら縁台に座っていると、ブドウをちぎって食べろと勧められた。そのうち茶や菓子が次々に出てくる。すっかりお世話になって、わずかな寸志を置いて帰ろうとすると、知らない人であっても客を接待するのは当たり前のことと固辞された。人情も違うのだ。

多様性の文化、多様性の食文化。それが中国だ。

その反面、交通網の整備が物流を容易にし、味の画一化が進んでいる。雲南省西双版納の景洪で正統派傣族料理という店の民族料理に、どう見てもトンカツにしか見えない一品があった。違和感があるので聞いてみると、日本の味が恋しくなった観光客から注文され提供したら評判だったので、メニューに加えたと言っていた。

女人国の摩梭の村でも、摩梭の食事はあまり評判が良くないらしく、漢族の食事が取り入れられていた。四川料理の麻辣味の強い麻婆豆腐は今やどこでも食べられるが、特徴のない辛みの少ない挽肉豆腐になっているところも多い。

こうした内部の変化もあるが、外的な影響も強い。都会には日式料理からおにぎりにいたる日本料理と韓国料理が溢れ、イタリア（意太利）の頭文字をとって意麺とよばれるパスタをはじめとするイタリア料理の看板が目立つ。レストラン（餐庁）ではフランス料理が食べられる。コンビニ・ファストフード店のハンバーグ（漢堡）やホットドッグ（熱狗）で慣れた舌は欧米の料理を好むようになる。中国料理自身、外的影響を受けたヌーベルシノア（新派中菜）が広まっている。

中国の人びとの舌は世界標準になり、外的な影響が味の画一化を加速していく。こうしたさまざまな変化もあるが、中国での食の体験からすると、正直不味い料理もあるが、全体に中国の料理は安くて美味しい。

雲南の奥地にはどこが飯屋なのかわからないほどの小さな店が多い。その店がその日に提供できる食材、それも五種類前後の野菜の見本が並べられているから、ここで食事ができるとわかる。見本を見た客は、これを炒めて簡単な野菜炒め（炒青菜）にしてくれというふうに注文する。食材と調理法を店に伝えると、食材の野菜は数少なかったにもかかわらず、一汁五菜や一汁六菜の見栄えも味も良い料理に変化する。

大理から昆明に向かう高速道路にあった霊宮橋服務区というサービスエリアの清真回味麺店にも、干からびかけた牛肉と数種類の野菜が店頭に置かれていたが、王孝廉先生が調理法を告げると、牛肉料理二品を含む一汁四菜が運ばれてきた（図76）。これが美味しかった。しかも締めて三〇元（約四五〇円）。私たちは五人旅だったから、一人当たり六元で九〇円。たったの九〇円で格安の美味な昼食を堪能できた。

食材も豊富で、いろいろなものを食べた。陝西省澠池の仰韶遺跡を訪ねたとき、蜀香式罐という珍しい野菜スープを飲んだ。壺（罐）入りの野菜スープで、野菜の種類

図76　わずかな食材が一汁四菜に変身（雲南省大理 ㊾）

に応じて壺が変わる。三種飲んだが、どれも味わい深かった。

同じ陝西省臨潼の秦始皇帝兵馬俑を見学したおりに食べた麺も印象深い。緑一色の丼が運ばれてきたので何かと思ったら、山盛りの香菜が素麺そっくりの湯麺を覆い尽くしていた。それまで香菜の風味を苦手にしていたが空腹だったから箸を付け、食べているうちに味に馴染み、これ以後香菜の匂いも味も好ましくなった思い出がある。

動物もいろいろ食べた。牛・豚・羊・鶏はもとより水牛・ヤク（犛）・ロバ（図77）・ラバ・駱駝・犬・猫・鹿・ノロジカ・キャン・兎・タケネズミ・蛇・蛙・スッポン。桂魚・鯉・草魚・太刀魚・白魚やウニ・アサリ・ナマコなどの魚介類も食べた。尾鰭に斑点があり見分けやすい淡白な味の桂魚は好みで、一人で一匹を食べた姿蒸しの清蒸桂魚や身に切れ目を入れて唐揚げし甘酢餡をかけた松鼠桂魚（図78）など、いつ食べても味は格別だ。

観光地ではよくサソリ（蠍子）を売っていて、唐揚げにして食べる。口の中にまとわりつく羽に往生したスズメバチは

図77 部位ごとに分け調理されたロバの肉
（河北省承徳 ⑮）

図78 ケチャップソースをかけた松鼠桂魚（上海 ㊱）

熊蟬のように大きく、初めは敬遠したが、街の食堂で小さな蜂を美味しそうに箸を運ぶ姿を見て猛省し、贅沢なんだと思って箸を付けたが、失敗だった。そうした失敗もあるが、とにかくどんな食材でも美味しく調理されている。

紹介してきた体験は奥深い中国の食の一面に過ぎない。北京・上海・広州・香港などで楽しむ美食も素晴らしいその一面になる。

そんな食文化のなかで、著名なレストランとは異なる、安くて美味しい庶民の味にデラックス感を求め、私は満足している。

あとがき

中国の料理は美味しく、楽しいものです。そして日本の中国料理では味わえない面白さがあります。

今では一人前の食事を提供する店が増えましたが、かつてはそうではありませんでした。

吉林大学にお世話になると、昼・夜は毎日宴会状態。ゆっくりできるのは朝食のときでした。ホテルで済ますことが多かったのですが、ここの料理は一人前でした。気分を変えようと近くの食堂に行き、炒飯とトマトを煮込んで卵を溶いたスープ（西紅柿湯）を頼んだときのことでした。しばらく待っていますと、洗面器のような大きな深皿にたっぷりのスープが運ばれてきました。炒飯は少し多め程度だったのですが、スープはいくら飲んでも減りませんでした。

上海に上海蟹の名店として知られる王宝和酒家があります。初めて行ったときでした。八人で囲んだテーブルに雌雄各四匹の蟹が出てきました。雌と雄では味が違いますから、幸運不運に分かれました。妻と二人で行ったら雌雄各二匹でした。一人で行ってみますとやはり雌雄各二匹でした。そこで一卓四人前が基準なのだということに気付きました。

一卓四人前が基準であることは山東省の首都済南で痛感しました。一人旅でした。テーブルに着きますと、山東名物という鶏腿肉の唐揚げが四本も出てきました。一本と格闘していますと、蒸餃子が三二個。スライスされた乾豚が三二枚。さらに山盛りの青梗菜と椎茸の炒め物や洗面器大のスープが出てきたのです。日本語の上手な支配人がいましたので、翌日から一人前にしてくださいと頼みましたら、困っていました。

中国料理は美味しいのですが、麺料理は別です。麺は圧倒的に日本のほうが美味しいと思います。一カ月滞在した上海のホテルの麺料理も伸びきって美味しくありませんでした。顔色でそれを察したコックさんが話しかけてきました。日本語をマスターして日本で働きたい、そこで日本語を教えて欲しい、そうすれば注文通りの麺を作りますと言うのです。原因はわかっていました。湯掻いた麺の余った分を取っておき、伸びきった麺を次に継ぎ足しているのです。継ぎ足しをやめると美味しくなると言いましたところ、改善されました。だから新疆を旅したときに食べた打ち立ての拌麺は格別でした。

中国をよく旅します。その際、野帳に綿密な記録を書いています。もちろん専門の考古学関係のメモが多いのですが、食べ物についても書いています。定年退職し、時間に余裕ができてきましたので、中国での食の体験を振り返ってみようと考えました。食べ物に関するメモと写真を照合しますと、当時のことが生き生きと思い出されます。食の体験記ですから、考古学の論文のように事実を証明する必要はありません。美味しかったという料理の感想は主観で構いませんし、訪問したときのことや食の記憶をよびさまされましたから、筆は進みました。

書き終えた文を読み返しますと、中国で多くの人には体験できない贅沢な食の経験をしていることに気付きました。そこで中国を旅する楽しみを皆さまにご紹介しようと考えました。食の専門家ではありませんので、レシピの紹介はできません。文中の料理の名前は食卓にあった菜単（メニュー）を書き留めたものです。干焼蝦仁と干焼明蝦はどちらも海老のチリソース煮込みですが、干焼蝦仁が殻を剝いた小海老を使ったもの（蝦仁）であるのに対し、干焼明蝦は殻つきのものです。このように中国料理の名称には調理方法や素材などが込められています。そこで書き留めた料理名の意味がわからないものについては、福冨奈津子さんの『中国料理小辞典』（柴田書店、二〇一一年）を活用させていただきました。

同時に、中国料理に関する多くの書籍を参照させていただきました。しかし私が体験した食の多くは諸書には載っていませんでした。

私が中国を旅したのはほとんどが考古学研究のためです。それでも研究の余禄があり、『行動する考古学』（中国書店、二〇一四年）、『見聞考古学のすすめ』（雄山閣、二〇一八年）の一部にまとめています。

本書は考古学とは縁の薄い旅の食体験です。中国をたびたび旅したのは遊びではないのだという、妻への言い訳でもあります。このような書をまとめていただいた花乱社の別府大悟氏、宇野道子氏に心から御礼申し上げます。

こうした旅の楽しみ方もあるのだと、皆さまの参考になれば幸いです。

二〇一九年七月

高倉洋彰

料理名索引

＊中国語の読み方はカタカナで付す。

サ

酒

サンドイッチ

シシカバブ

シャブシャブ

スープ（湯）

寿司

そば

タ

炊き込み飯

卵

餅

モツ

ヤ

野菜

焼肉

焼餅

羊肉

ラ

驢馬肉《ろば》

ワ

ワンタン

髙倉洋彰（たかくら・ひろあき）
1943（昭和18）年5月11日，福岡県朝倉市に生まれる。1974年に九州大学大学院文学研究科博士課程単位修得満期退学後，福岡県教育委員会文化課，県立九州歴史資料館を経て，1990（平成2）年から西南学院大学文学部，国際文化学部教授。文学博士。考古学・博物館学を担当。弥生時代～古代の社会構成や東アジアの国際交流を研究テーマとする。九州国立博物館の開館にあたって文化交流室（常設展示室）の展示基本計画を主導するなど，社会活動も行なっている。西南学院大学大学院学務部長，西南学院大学博物館長などを経て，2014（平成26）年に西南学院大学を定年退職し，現在名誉教授。同年5月に一般社団法人日本考古学協会会長に就任（2016年5月まで）。
【著書】『弥生時代社会の研究』（東出版寧楽社，1981年），『日本金属器出現期の研究』（学生社，1990年），『弥生』（光文社文庫，1991年），『金印国家群の時代』（青木書店，1995年），『大宰府と観世音寺』（海鳥社，1996年），『交流する弥生人』（吉川弘文館，2001年），『箸の考古学』（同成社，2011年），『行動する考古学』（中国書店，2014年），『見聞考古学のすすめ』（雄山閣，2018年），『金印国家群的時代』（中国・上海古籍出版社，2019年）
【編著】『観世音寺』（淡交社，1981年），『日本における初期弥生文化の成立』（文献出版，1991年），『AMS年代と考古学』（学生社，2011年），『大学的福岡・博多ガイド』（昭和堂，2012年），『東アジア古文化論攷』（中国書店，2014年）ほか
【共訳書】『図説中国古代銅鏡史』（中国書店，1991年）
ほかに論文多数。

中国《ちゅうごく》D級《きゅう》グルメの旅《たび》

❖

2019年8月23日　第1刷発行

❖

著　者　髙倉洋彰

発行者　別府大悟

発行所　合同会社花乱社

〒810-0001 福岡市中央区天神5-5-8-5D

電話 092(781)7550　FAX 092(781)7555

http://www.karansha.com

印　刷　ダイヤモンド秀巧社印刷株式会社

製　本　篠原製本株式会社

[定価はカバーに表示]

ISBN978-4-910038-04-9